AF205790

Impressum
Verlag: BABADADA GmbH, Nedderfeld 112 , 22529 Hamburg
Geschäftsführer / Verlagsleitung: Harald Hof
Druck: Books on Demand GmbH, In de Tarpen 42, 22848 Norderstedt

Imprint
Publisher: BABADADA GmbH, Nedderfeld 112 , 22529 Hamburg, Germany
Managing Director / Publishing direction: Harald Hof
Print: Books on Demand GmbH, In de Tarpen 42, 22848 Norderstedt

σχολείο

مدرسه

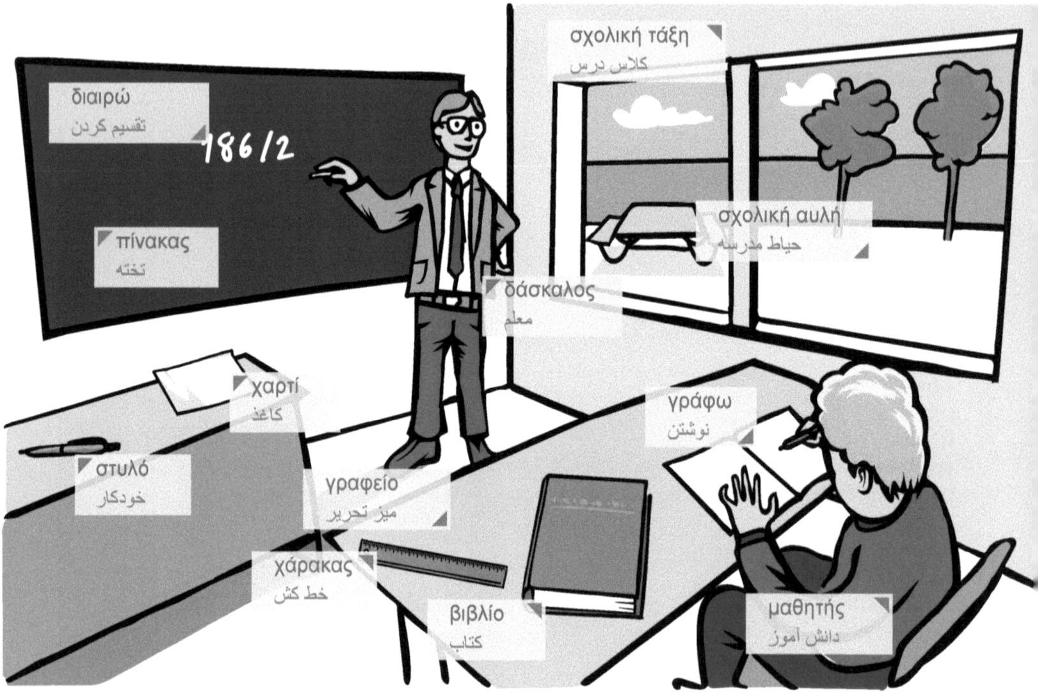
σχολική τάξη
کلاس درس
διαιρώ
تقسیم کردن
186/2
πίνακας
تخته
σχολική αυλή
حیاط مدرسه
δάσκαλος
معلم
χαρτί
کاغذ
γράφω
نوشتن
στυλό
خودکار
γραφείο
میز تحریر
χάρακας
خط کش
βιβλίο
کتاب
μαθητής
دانش آموز

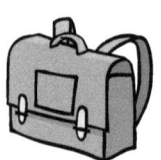

σχολική τσάντα

کیف مدرسه

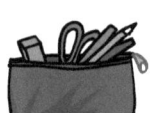

κασετίνα/ μολυβοθήκη

جامدادی

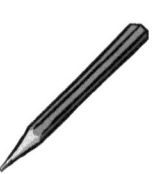

μολύβι

مداد

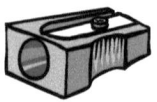

ξύστρα

تراش

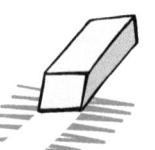

γόμα

پاک کن

μπλοκ ζωγραφικής

دفتر رسم

ζωγραφική

طراحی

πινέλο

قلم مو

κουτί χρωμάτων

جعبه ی آبرنگ

ψαλίδι

قیچی

κόλλα

چسب

τετράδιο ασκήσεων

کتاب تمرین

εργασία για το σπίτι

تکلیف خانه

αριθμός

رقم

προσθέτω

جمع کردن

αφαιρώ

تفریق کردن

πολλαπλασιάζω

ضرب کردن

υπολογίζω

محاسبه کردن

γράμμα

حرف الفبا

αλφάβητο

الفبا

hello

λέξη

کلمه

κείμενο

متن

διαβάζω

خواندن

κιμωλία

گچ

μάθημα

درس

εγγράφομαι

ثبت نام

τεστ

امتحان

πιστοποιητικό

مدرک رسمی

μαθητική στολή

لباس مدرسه

εκπαίδευση

تحصیلات

εγκυκλοπαίδεια

دانشنامه

πανεπιστήμιο

دانشگاه

μικροσκόπιο

میکروسکوپ

χάρτης

نقشه

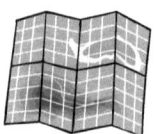

καλάθι αχρήστων

سبد کاغذ باطله

ταξίδι

سفر

ξενοδοχείο
هتل
Grand
ξενώνας
مسافرخانه
ROOMS
EXCHANGE
ανταλλακτήρια συναλλάγματος
صرافی
βαλίτσα
چمدان
αυτοκίνητο
اتومبیل

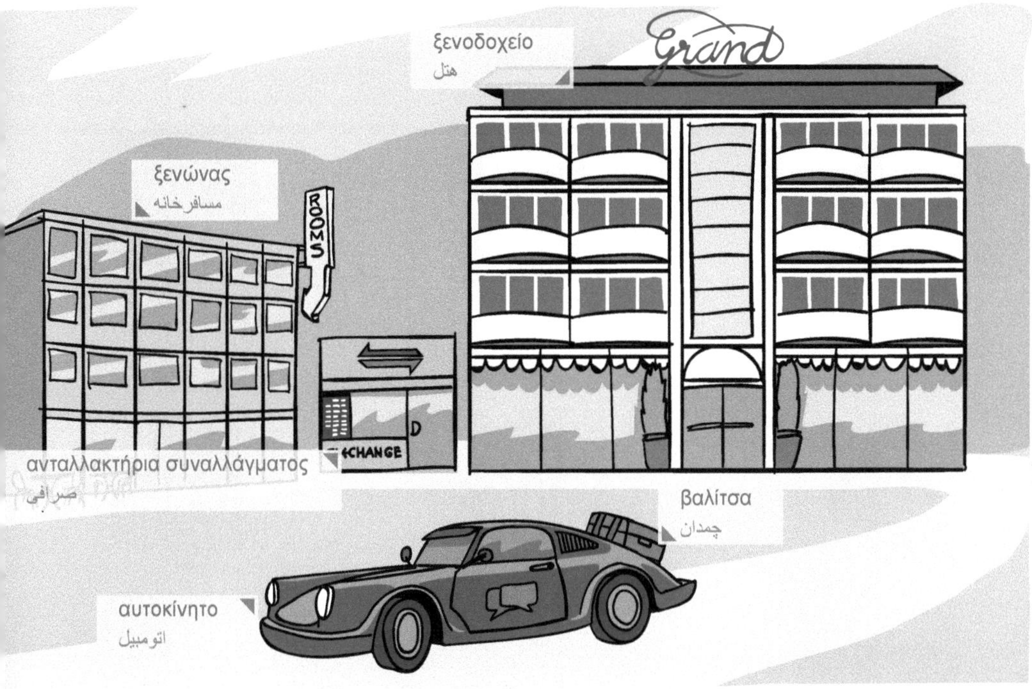

γλώσσα

زبان

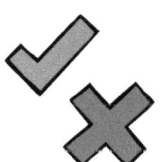

ναι / όχι

بله / خیر

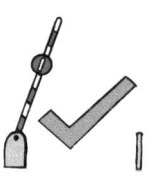

εντάξει

اکی

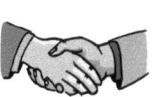

γεια σου

سلام

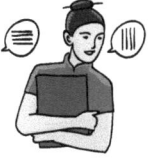

μεταφραστής

مترجم

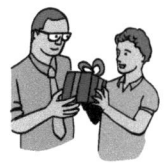

Ευχαριστώ

ممنون

πόσο κάνει ;

قیمت ... چه قدر است؟

Δε καταλαβαίνω

من متوجه نمی شوم

πρόβλημα

مشکل

Καλησπέρα!

عصر بخیر! / شب بخیر!

Καλημέρα!

صبح بخیر!

Καληνύχτα!

شب بخیر!

Αντίο

خداحافظ

κατεύθυνση

جهت

αποσκευές

بار سفر

τσάντα

کیف

σακίδιο πλάτης

کوله پشتی

καλεσμένος

مهمان

δωμάτιο

اتاق

υπνόσακος

کیسه خواب

σκηνή

خیمه

τουριστικές πληροφορίες

مرکز راهنمای گردشگران

παραλία

ساحل

πιστωτική κάρτα

کارت اعتباری

πρωινό

صبحانه

μεσημεριανό

نهار

δείπνο

شام

εισιτήριο

بلیط

ανελκυστήρας

آسانسور

γραμματόσημο

مهر

σύνορα

مرز

τελωνείο

گمرک

πρεσβεία

سفارتخانه

βίζα

ویزا

διαβατήριο

گذرنامه

μεταφορά
حمل و نقل

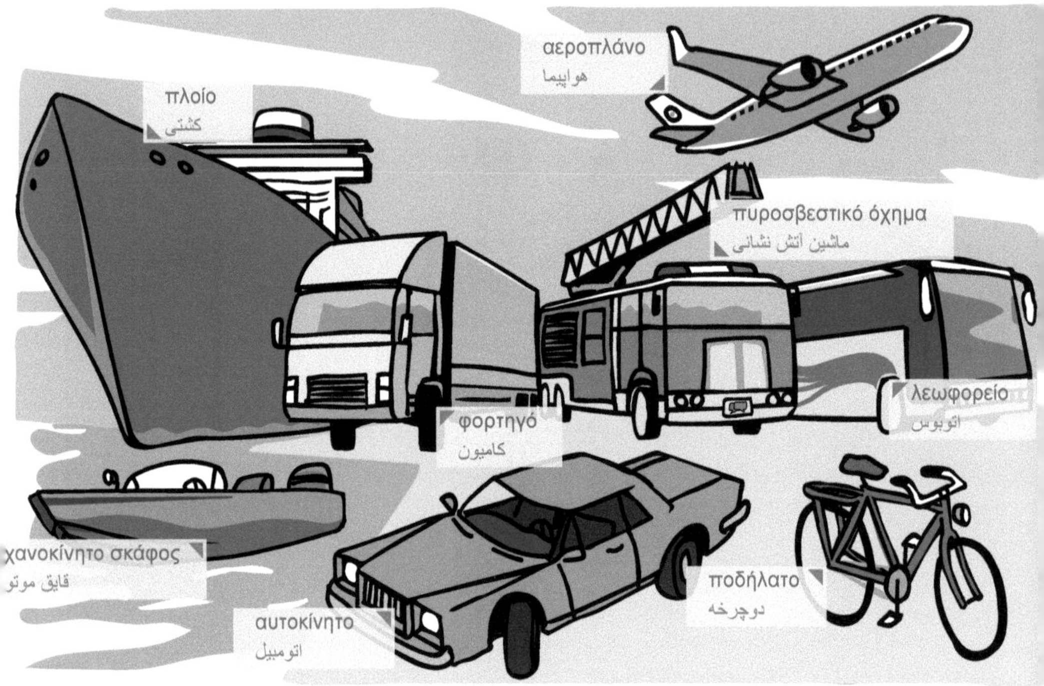

αεροπλάνο
هواپیما
πλοίο
کشتی
πυροσβεστικό όχημα
ماشین آتش نشانی
λεωφορείο
اتوبوس
φορτηγό
کامیون
χανοκίνητο σκάφος
قایق موتو
ποδήλατο
دوچرخه
αυτοκίνητο
اتومبیل

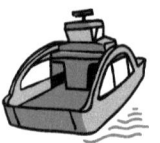

φεριμπότ

کشتی مسافربری

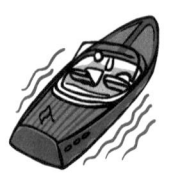

βάρκα

قایق

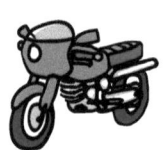

μοτοσικλέτα

موتورسیکلت

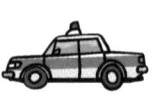

περιπολικό

ماشین پلیس

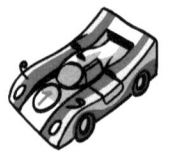

αγωνιστικό αυτοκίνητο

ماشین مسابقه

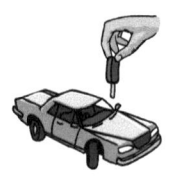

ενοικιαζόμενο αυτοκίνητο

ماشین کرایه ای

διαμοιρασμός αυτοκινήτων

به اشتراک گذاری اتومبیل

γερανός

جرثقیل

απορριμματοφόρο

ماشین حمل زباله

κινητήρας

موتور

καύσιμο

بنزین

βενζινάδικο

پمپ بنزین

πινακίδα σήμανσης

تابلو راهنمایی و رانندگی

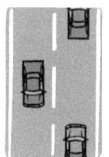

κυκλοφορία

عبور و مرور

κυκλοφοριακή συμφόρηση

ترافیک

χώρος στάθμευσης

پارکینگ

σιδηροδρομικός σταθμός

ایستگاه قطار

σιδηροδρομικές γραμμές

ریل راه آهن

τρένο

قطار

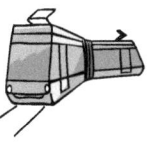

τραμ

قطار برقی

βαγόνι

واگن

ελικόπτερο

هلیکوپتر

αεροδρόμιο

فرودگاه

πύργος

برج

επιβάτης

مسافر

εμπορευματοκιβώτιο

کانتینر

χαρτοκιβώτιο

کارتن

καρότσι

گاری

καλάθι

سبد

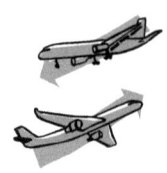

απογειώνομαι /
προσγειόνομαι

به پرواز درآمدن / فرود آمدن

πόλη

شهر

χωριό

دهکده

κέντρο της πόλης

مرکز شهر

σπίτι

خانه

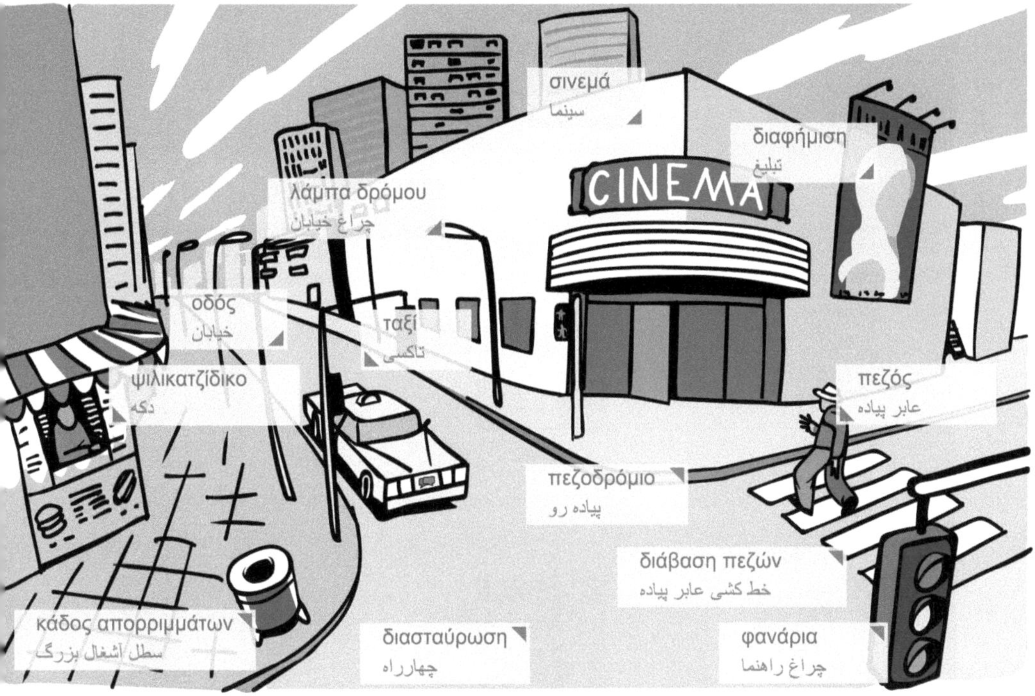

σινεμά
سینما

διαφήμιση
تبلیغ

λάμπα δρόμου
چراغ خیابان

CINEMA

οδός
خیابان

ταξί
تاکسی

πεζός
عابر پیاده

ψιλικατζίδικο
دکه

πεζοδρόμιο
پیاده رو

διάβαση πεζών
خط کشی عابر پیاده

κάδος απορριμμάτων
سطل آشغال بزرگ

διασταύρωση
چهارراه

φανάρια
چراغ راهنما

καλύβα
کلبه

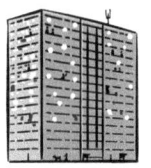

διαμέρισμα
آپارتمان

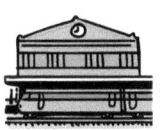

σιδηροδρομικός σταθμός
ایستگاه قطار

δημαρχείο
ساختمان شهرداری

μουσείο
موزه

σχολείο
مدرسه

πανεπιστήμιο

دانشگاه

τράπεζα

بانک

νοσοκομείο

بیمارستان

ξενοδοχείο

هتل

φαρμακείο

داروخانه

γραφείο

اداره

βιβλιοπωλείο

کتابفروشی

κατάστημα

مغازه

ανθοπωλείο

گل فروشی

σούπερ μάρκετ

سوپرمارکت

αγορά

بازار

πολυκατάστημα

فروشگاه بزرگ

ιχθυοπωλείο

ماهی فروش

εμπορικό κέντρο

مرکز خرید

λιμάνι

بندر

πάρκο

پارک

παγκάκι

نیمکت

γέφυρα

پل

σκάλες

پله

μετρό

مترو

τούνελ

تونل

στάση λεωφορείου

ایستگاه اتوبوس

μπαρ

میخانه

εστιατόριο

رستوران

γραμματοκιβώτιο

صندوق پست

πινακίδα δρόμου

تابلوی خیابان

παρκόμετρο

دستگاه پارکومتر

ζωολογικός κήπος

باغ وحش

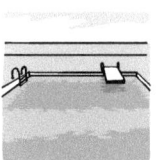

πισίνα

استخر شنای عمومی

τζαμί

مسجد

αγρόκτημα

مزرعه

ρύπανση

آلودگی محیط زیست

νεκροταφείο

قبرستان

εκκλησία

کلیسا

παιδική χαρά

زمین بازی

ναός

معبد

τοπίο

چشم انداز

φύλλο
برگ

πινακίδα κατεύθυνσης
تابلوی راهنمای مسیر

δρόμος
راه

λιβάδι
چمنزار

πέτρα
سنگ

δέντρο
درخت

πεζοπόρος
راه نورد

ποτάμι
رودخانه

χορτάρι
چمن

λουλούδι
گل

κοιλάδα

دره

λόφος

تپه

λίμνη

دریاچه

δάσος

جنگل

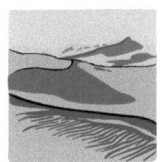

έρημος

بیابان

ηφαίστειο

کوه آتشفشان

κάστρο

قلعه

ουράνιο τόξο

رنگین کمان

μανιτάρι

قارچ

φοίνικας

درخت نخل

κουνούπι

پشه

μύγα

مگس

μυρμήγκι

مورچه

μέλισσα

زنبور

αράχνη

عنکبوت

σκαθάρι

سوسک

βάτραχος

قورباغه

σκίουρος

سنجاب

σκαντζόχοιρος

جوجه تیغی

λαγός

خرگوش صحرایی

κουκουβάγια

جغد

πουλί

پرنده

κύκνος

قو

αγριογούρουνο

گراز

ελάφι

گوزن نر

άλκη

گوزن شمالی

φράγμα

سد آب

ανεμογεννήτρια

توربین بادی

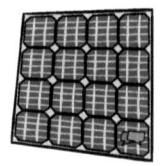

ηλιακός συλλέκτης

صفحه ی خورشیدی

κλίμα

آب و هوا

εστιατόριο

رستوران

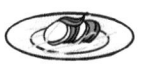

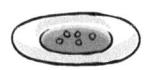

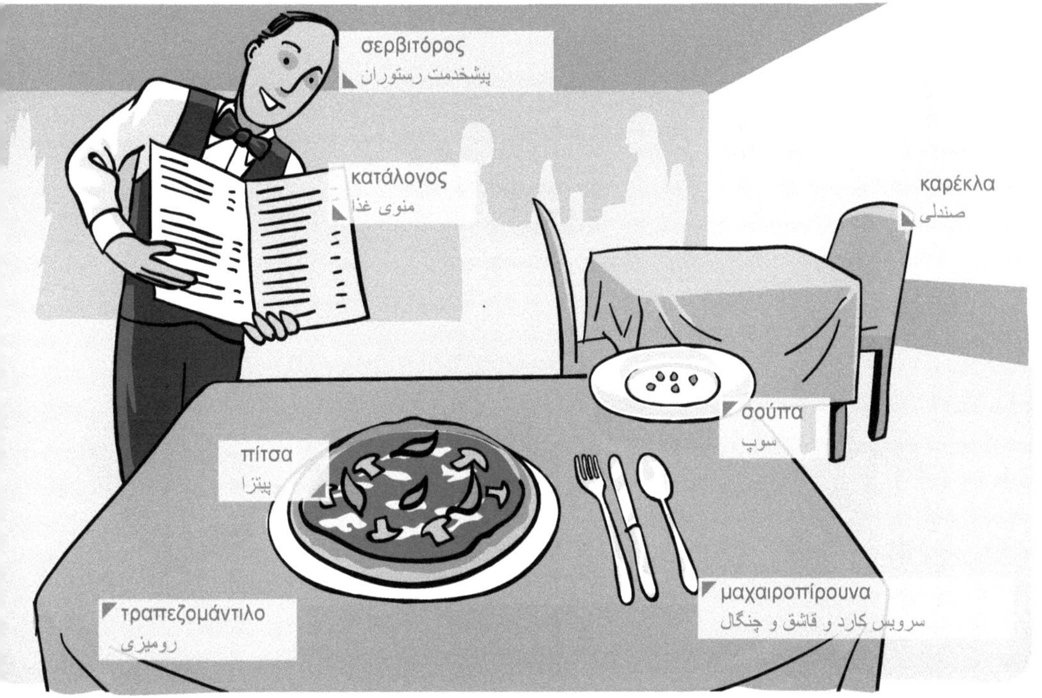
σερβιτόρος
پیشخدمت رستوران
κατάλογος
منوی غذا
καρέκλα
صندلی
σούπα
سوپ
πίτσα
پیتزا
μαχαιροπίρουνα
سرویس کارد و قاشق و چنگال
τραπεζομάντιλο
رومیزی

ορεκτικό

پیش‌غذا

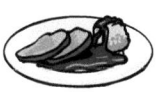

κύριο πιάτο

غذای اصلی

επιδόρπιο

دسر

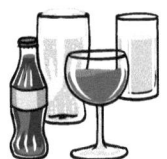

ποτά

نوشیدنی ها

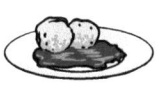

φαγητό

غذا

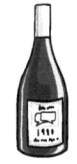

μπουκάλι

بطری

φαστ φουντ

فستْ فود

φαγητό στ' όρθιο

اغذیه خیابانی

τσαγιέρα

قوری

δοχείο ζάχαρης

قندان

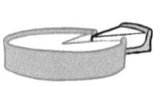

μερίδα

پُرس غذا

μηχανή εσπρέσο

دستگاه اسپرسو

ψηλή καρέκλα

صندلی پایه بلند غذاخوری بچه

λογαριασμός

صورتحساب

δίσκος

سینی

μαχαίρι

چاقو

πιρούνι

چنگال

κουτάλι

قاشق

κουταλάκι του τσαγιού

قاشق چایخوری

πετσέτα φαγητού

دستمال سفره

ποτήρι

لیوان

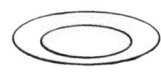

πιάτο

بشقاب

πιάτο σούπας

بشقاب سوپخوری

πιατάκι φλιτζανιού

نعلبکی

σάλτσα

سس

αλατιέρα

نمکدان

μύλος για πιπέρι

فلفل ساب

ξύδι

سرکه

λάδι

روغن خوراکی

μπαχαρικά

ادویه جات

κέτσαπ

سس کچاپ

μουστάρδα

سس خردل

μαγιονέζα

سس مایونز

σούπερ μάρκετ

سوپرمارکت

προσφορά
پیشنهاد ویژه
FOR
πελάτης
مشتری
γαλακτοκομικά προϊόντα
لبنیات
φρούτα
میوه جات
καρότσι για ψώνια
چرخ دستی خرید

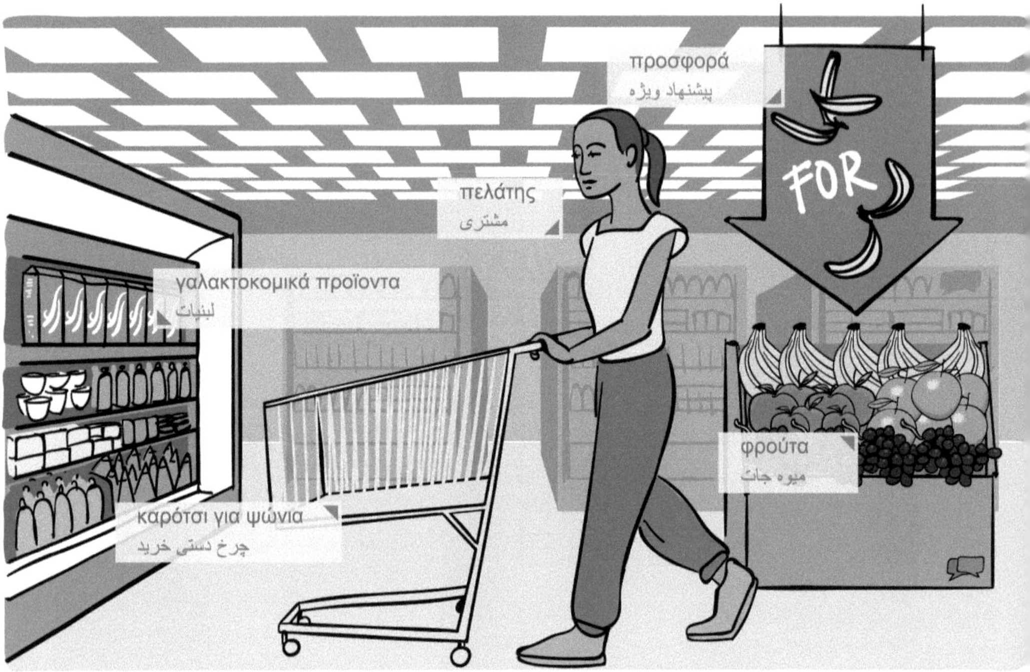

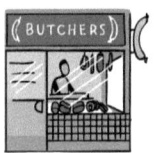

BUTCHERS

κρεοπωλείο

قصابی

BAKERY

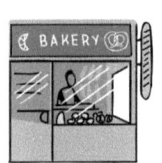

φούρνος

نانوایی

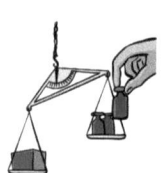

ζυγίζω

وزن کردن

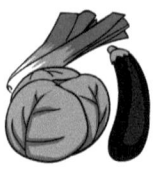

λαχανικά

سبزیجات

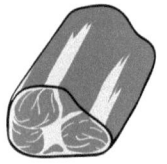

κρέας

گوشت

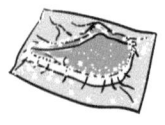

κατεψυγμένα τρόφιμα

غذای منجمد

αλλαντικά

مخلوطی از انواع کالباس یا پنیر که ورقه ای بریده شده باشند

κονσερβοποιημένη τροφή

غذای کنسروی

απορρυπαντικό ρούχων

پودر لباسشویی

γλυκά

شیرینی جات

οικιακά είδη

لوازم خانگی

καθαριστικά προϊόντα

ماده شوینده و پاک کننده

πωλήτρια

فروشنده

ταμείο

صندوق پرداخت

ταμίας

صندوقدار

λίστα για ψώνια

لیست خرید

ωράριο λειτουργίας

ساعات کار

πορτοφόλι

کیف پول

πιστωτική κάρτα

کارت اعتباری

τσάντα

کیف

πλαστική σακούλα

کیسه ی پلاستیکی

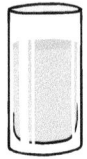

νερό

آب

χυμός

آبمیوه

γάλα

شیر

κόκα κόλα

نوشابه کوکاکولا

κρασί

شراب

μπίρα

آبجو

αλκοόλ

الکل

κακάο

کاکائو

τσάι

چای

καφές

قهوه

εσπρέσο

قهوه اسپرسو

καπουτσίνο

کاپوچینو

μπανάνα

موز

μήλο

سیب

πορτοκάλι

پرتقال

πεπόνι

انواع هندوانه و خربزه

λεμόνι

لیمو

καρότο

هویج

σκόρδο

سیر

μπαμπού

نى بامبو

κρεμμύδι

پیاز

μανιτάρι

قارچ

ξηροί καρποί

آجیل

νουντλς

ماکارونی

μακαρόνια

اسپاگتی

ρύζι

برنج

σαλάτα

سالاد

πατατάκια

سیب زمینی سرخ کرده

τηγανητές πατάτες

سیب زمینی سرخ شده

πίτσα

پیتزا

χάμπουργκερ

همبرگر

σάντουιτς

ساندویچ

κοτολέτα

شنیتسل

ζαμπόν

ژامبون خوک

σαλάμι

سالامی

λουκάνικο

سوسیس

κοτόπουλο

مرغ

ψητό

نوعی گوشت سرخ شده

ψάρι

ماهی

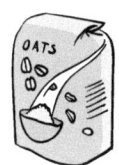

χυλός βρώμης

جوی پرک شده

μούσλι

نوعی صبحانه مخلوطی از برگه ذرت و
میوه های خشک شده و خشکبار که
معمولا با شیر خورده می شود

κορν φλέικς

کورنفلکس

αλεύρι

آرد

κρουασάν

کرواسان

ψωμάκι

نان بروتشن

ψωμί

نان

τοστ

نان تست

μπισκότα

بیسکویت

βούτυρο

کره

τυρόπηγμα

کشک

κέικ

کیک

αυγό

تخم مرغ

τηγανητό αυγό

تخم مرغ نیمرو

τυρί

پنیر

παγωτό

بستنی

ζάχαρη

شکر

μέλι

عسل

μαρμελάδα

مربا

άλλειμμα σοκολάτας

کرم شکلاتی بادامی

κάρυ

ادویه کاری

αγρόκτημα

مزرعه

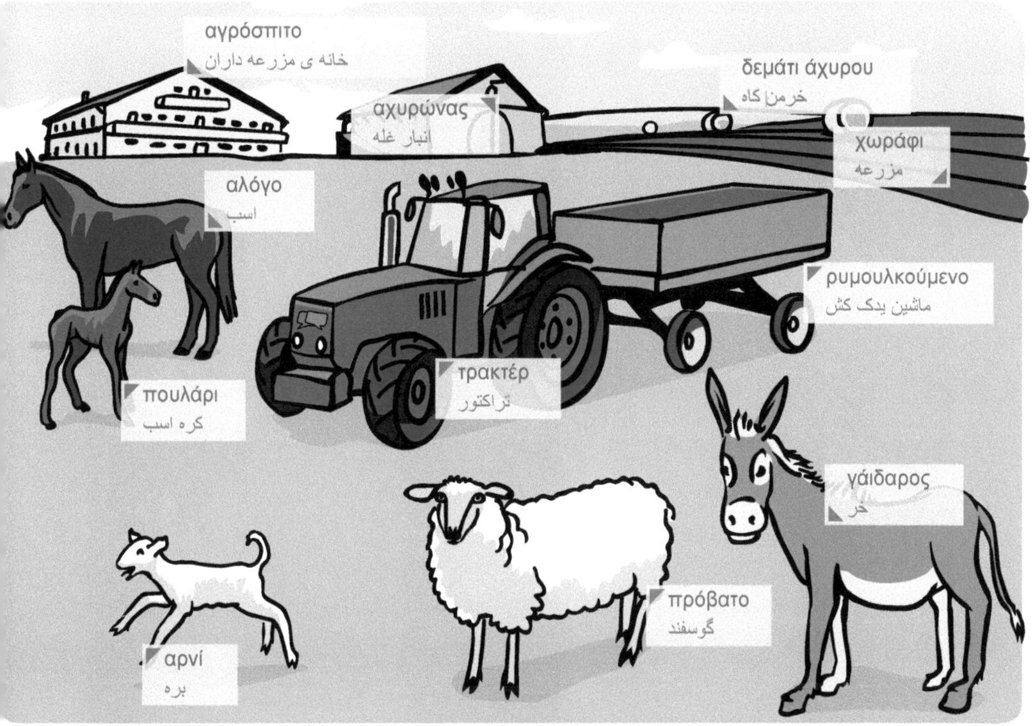

αγρόσπιτο
خانه ی مزرعه داران
δεμάτι άχυρου
خرمن کاه
αχυρώνας
انبار غله
χωράφι
مزرعه
άλογο
اسب
ρυμουλκούμενο
ماشین یدک کش
πουλάρι
کره اسب
τρακτέρ
تراکتور
γάιδαρος
خر
πρόβατο
گوسفند
αρνί
بره

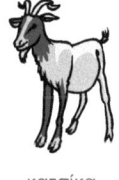

κατσίκα
بز

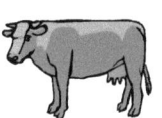

αγελάδα
گاو ماده

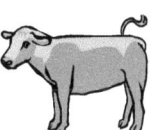

μοσχαράκι
گوساله

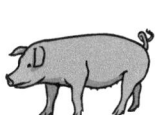

γουρούνι
خوک

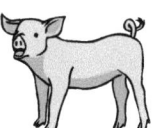

γουρουνάκι
بچه خوک

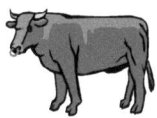

ταύρος
گاو نر

χήνα

غاز

πάπια

اردک

κοτοπουλάκι

جوجه

κότα

مرغ

κόκορας

خروس

αρουραίος

موش صحرایی

γάτα

گربه

ποντίκι

موش

βόδι

گاو نر اخته

σκύλος

سگ

σπιτάκι σκύλου

لانه ی سگ

λάστιχο κήπου

شلنگ باغبانی

ποτιστήρι

آبپاش

θεριστήρι

داس دسته بلند

αλέτρι

گاو آهن

δρεπάνι

داس

τσάπα

کج بیل

δίκρανο

چنگک باغبانی

τσεκούρι

تبر

χειράμαξα

فرقون

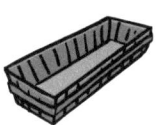

ταΐστρα

آبشخور

δοχείο γάλακτος

بطری نگهداری شیر

σάκος

کیسه

φράχτης

حصار

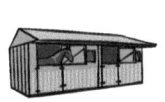

στάβλος

اصطبل

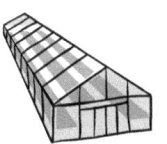

θερμοκήπιο

گلخانه

έδαφος

خاک

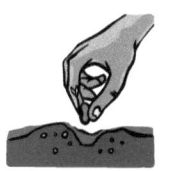

σπόρος

بذر

λίπασμα

کود

θεριζοαλωνιστική μηχανή

ماشین کمباین

θερίζω

برداشت کردن محصول

συγκομιδή

محصول

γιαμς

تمیس

σιτάρι

گندم

σόγια

سویا

πατάτα

سیب زمینی

καλαμπόκι

ذرت

κράμβη

کلزا

οπωροφόρο δέντρο

درخت میوه

μανιόκα

گیاه مانیوک

δημητριακά

غلات

σπίτι
خانه

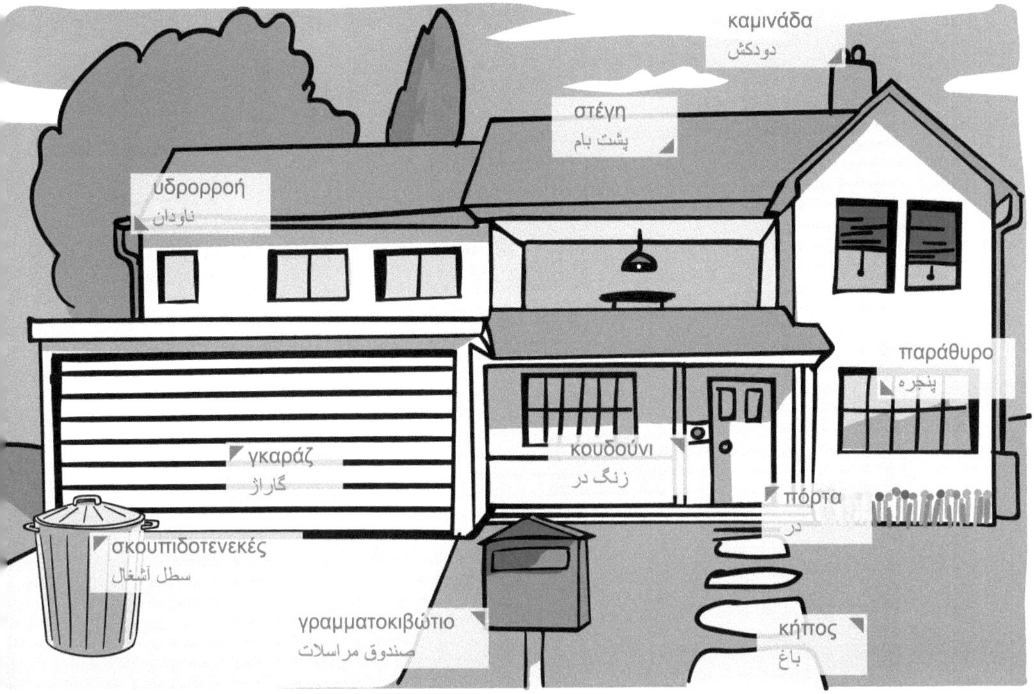

καμινάδα
دودکش
στέγη
پشت بام
υδρορροή
ناودان
παράθυρο
پنجره
γκαράζ
گاراژ
κουδούνι
زنگ در
πόρτα
در
σκουπιδοτενεκές
سطل آشغال
γραμματοκιβώτιο
صندوق مراسلات
κήπος
باغ

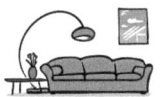

σαλόνι

اتاق نشیمن

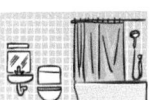

μπάνιο

حمام

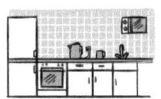

κουζίνα

آشپزخانه

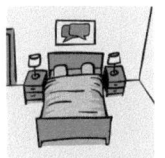

υπνοδωμάτιο

اتاق خواب

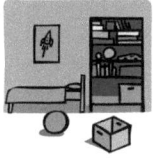

παιδικό δωμάτιο

اتاق بچه

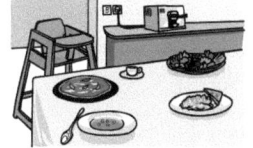

τραπεζαρία

ناهارخوری

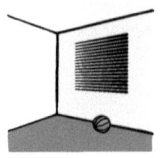

πάτωμα

کف زمین

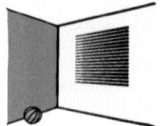

τοίχος

دیوار

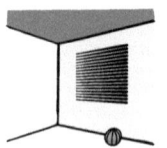

οροφή

سقف

κελάρι

زیرزمین

σάουνα

سونا

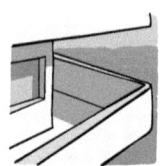

μπαλκόνι

بالکن

βεράντα

تراس

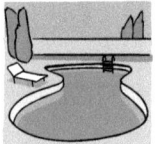

πισίνα

استخر

μηχανή του γκαζόν

ماشین چمن‌زنی

σεντόνι

ملافه

κάλυμμα κρεβατιού

روتختی

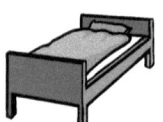

κρεβάτι

تخت خواب

σκούπα

جارو

κουβάς

سطل

διακόπτης

سوییچ یا کلید

σαλόνι
اتاق نشیمن

ταπετσαρία
کاغذ دیواری
φωτογραφία
عکس
λάμπα
لامپ
ράφι
قفسه
ντουλάπι
کابینت
τηλεόραση
تلویزیون
τζάκι
شومینه
λουλούδι
گل
μαξιλάρι
کوسن
καναπές
کاناپه
βάζο
گلدان
τηλεκοντρόλ
کنترل تلویزیون و ویدئو و غیره

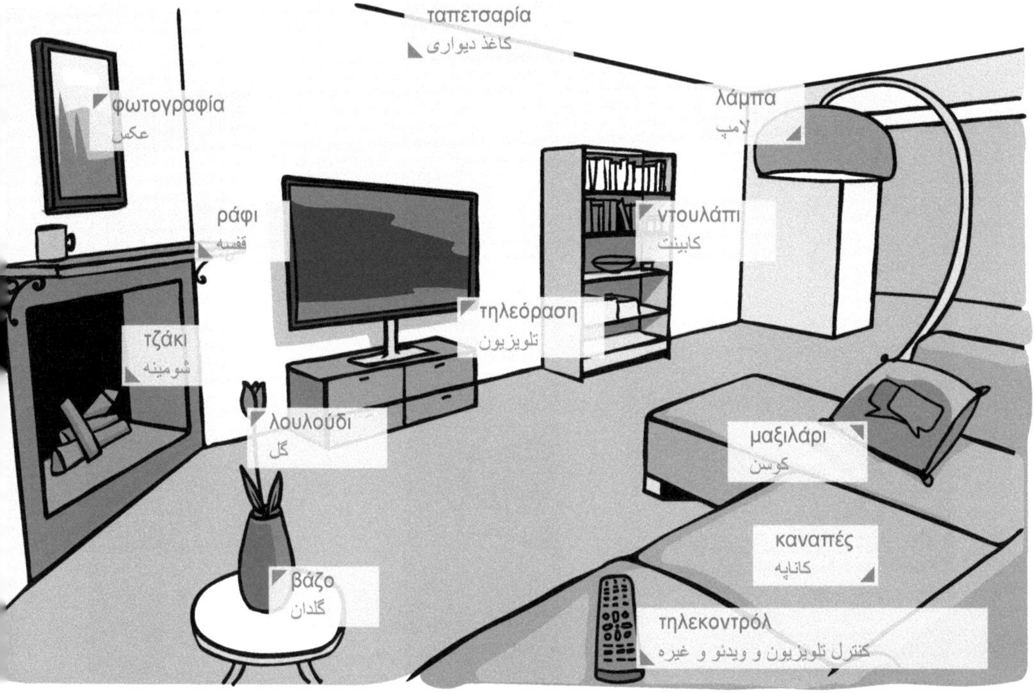

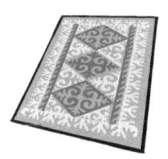

χαλί

فرش

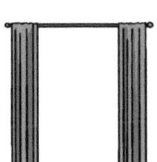

κουρτίνα

پرده

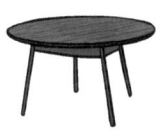

τραπέζι

میز

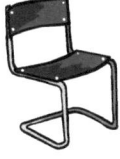

καρέκλα

صندلی

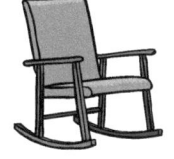

κουνιστή πολυθρόνα

صندلی گهواره ایی

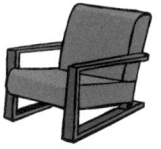

πολυθρόνα

صندلی راحتی

βιβλίο

کتاب

κουβέρτα

لحاف

διακόσμηση

دکوراسیون

καυσόξυλα

هیزم

ταινία

فیلم

στερεοφωνικό σύστημα

دستگاه ضبط صوت

κλειδί

کلید

εφημερίδα

روزنامه

πίνακας ζωγραφικής

تابلو نقاشی

αφίσα

پوستر

ραδιόφωνο

رادیو

σημειωματάριο

دفترچه یادداشت

ηλεκτρική σκούπα

جاروبرقی

κάκτος

کاکتوس

κερί

شمع

κουζίνα
آشپزخانه

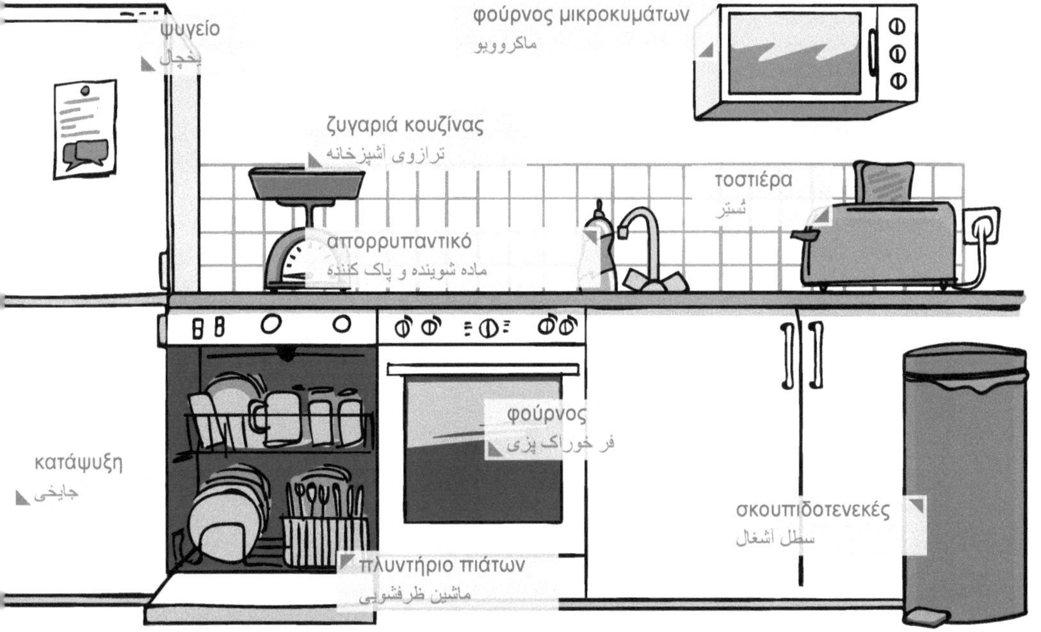

ψυγείο
یخچال
φούρνος μικροκυμάτων
ماکروویو
ζυγαριά κουζίνας
ترازوی آشپزخانه
τοστιέρα
تُستر
απορρυπαντικό
ماده شوینده و پاک کننده
φούρνος
فر خوراک پزی
κατάψυξη
جایخی
σκουπιδοτενεκές
سطل آشغال
πλυντήριο πιάτων
ماشین ظرفشویی

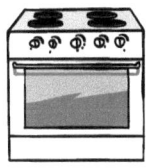

κουζίνα

اجاق گاز

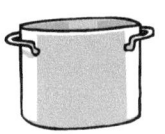

κατσαρόλα

قابلمه

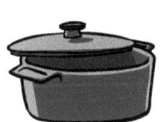

μαντεμένια κατσαρόλα

قابلمه چدنی

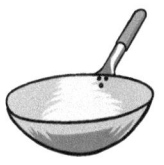

γουόκ/καντάι

ماهی تابه گود

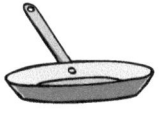

τηγάνι

ماهی تابه

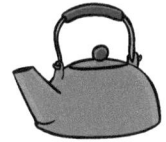

βραστήρας

کتری

ατμομάγειρας

بخارپز

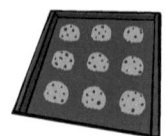

ταψί

سینی فر

πιατικά

ظرف چینی آشپزخانه

κούπα

لیوان

μπολ

کاسه

ξυλάκια

چاپستیک

κουτάλα

ملاقه

σπάτουλα

کفگیر

ανακατεύω

همزن

σουρωτήρι

آبکش

σουρωτηράκι

آبکش

τρίφτης

رنده

γουδί

هاون

ψησταριά

باربیکیو

ανοιχτή φωτιά

محل مخصوص افروختن اتش

σανίδα κοπής

تخته گوشت و سبزی

πλάστης

وردنه

ανοιχτήρι φελλών

در بطری بازکن

κονσέρβα

قوطی

ανοιχτήρι κονσέρβας

در قوطی بازکن

γάντι φούρνου

دستگیره پارچه ای

νεροχύτης

سینک ظرفشویی

βούρτσα

برس گردگیری

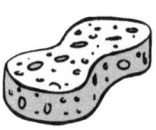

σφουγγάρι

اسفنج

μπλέντερ

مخلوط کن

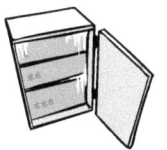

καταψύκτης

فریزر

μπιμπερό

شیشه شیر بچه

βρύση

شیر آب

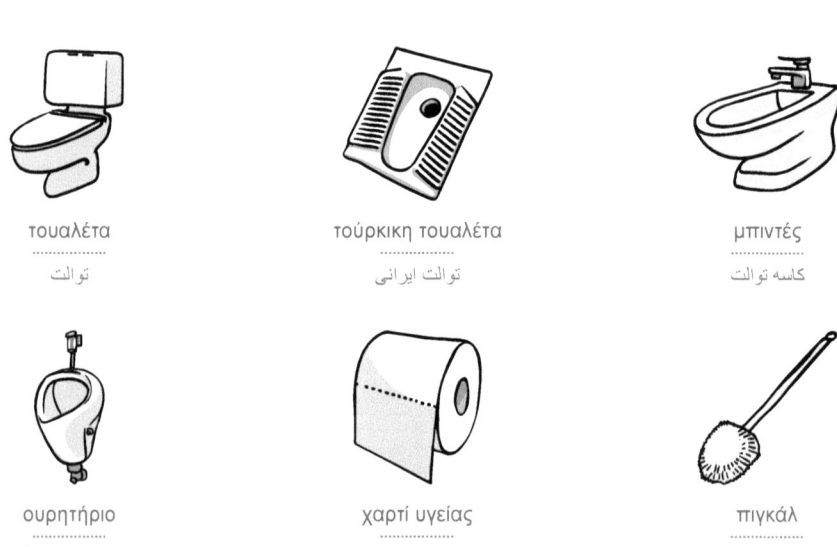

μπάνιο

حمام

θέρμανση
بخاری
πετσέτα
حوله
ντους
دوش
κουρτίνα ντουζ
پرده ی حمام
αφρόλουτρο
حمام کف
μπανιέρα
وان حمام
ποτήρι
لیوان
πλυντήριο ρούχων
ماشین لباسشویی
βρύση
شیر آب
πλακάκια
کاشی
γιογιό
لگن دستشویی کودکان
νεροχύτης
سینک ظرفشویی

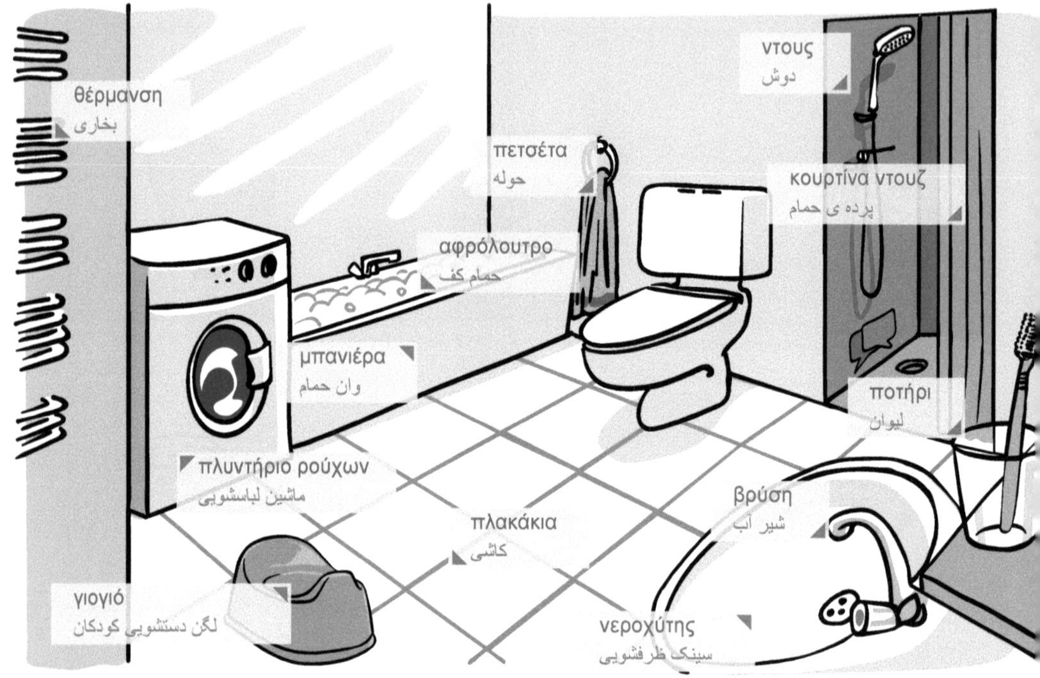

τουαλέτα

توالت

τούρκικη τουαλέτα

توالت ایرانی

μπιντές

کاسه توالت

ουρητήριο

توالت مخصوص آقایان

χαρτί υγείας

دستمال توالت

πιγκάλ

فرچه توالت

οδοντόβουρτσα

مسواک

οδοντόκρεμα

خمیردندان

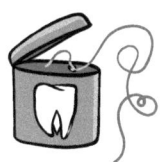

οδοντικό νήμα

نخ دندان

πλένω

شُستن

τηλέφωνο ντους

دوش آب تلفنی

ντουσιέρα

شلنگ توالت

λεκάνη

لگن روشویی

βούρτσα πλάτης

برس شست و شوی پشت

σαπούνι

صابون

αφρόλουτρο

شامپو بدن

σαμπουάν

شامپو

φανέλα

لیف حمام

σιφόνι

راه آب

κρέμα

کرم

αποσμητικό

اسپری دئودورانت

καθρέφτης

آیینه

καθρέφτης χειρός

آیینه ی کوچک دستی

ξυραφάκι

تیغ ریش تراشی

αφρός ξυρίσματος

کف ریش تراشی

αφτερσέιβ

افترشیو

χτένα

شانه ی سر

βούρτσα

برس

σεσουάρ

سشوار

λακ

اسپری مو

μακιγιάζ

آرایش

κραγιόν

رژلب

βερνίκι νυχιών

لاک ناخن

βαμβάκι

پنبه

ψαλίδι νυχιών

قیچی ناخن

άρωμα

عطر

νεσεσέρ

کیف لوازم آرایشی و بهداشتی

σκαμπό

چهارپایه

ζυγαριά

ترازو

μπουρνούζι

حوله ی پالتویی

ελαστικά γάντια

دستکش ظرفشویی

ταμπόν

تامپون

πετσέτα υγιεινής

نوار بهداشتی

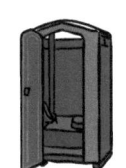

χημική τουαλέτα

توالت سیار

παιδικό δωμάτιο
اتاق بچه

ξυπνητήρι
ساعت زنگدار
λούτρινο ζωάκι
نوعی عروسک نرم به شکل حیوانات
αυτοκινητάκι
ماشین اسباب بازی
κουδουνίστρα
جغجغه
κουκλόσπιτο
خانه ی عروسکی
δώρο
کادو

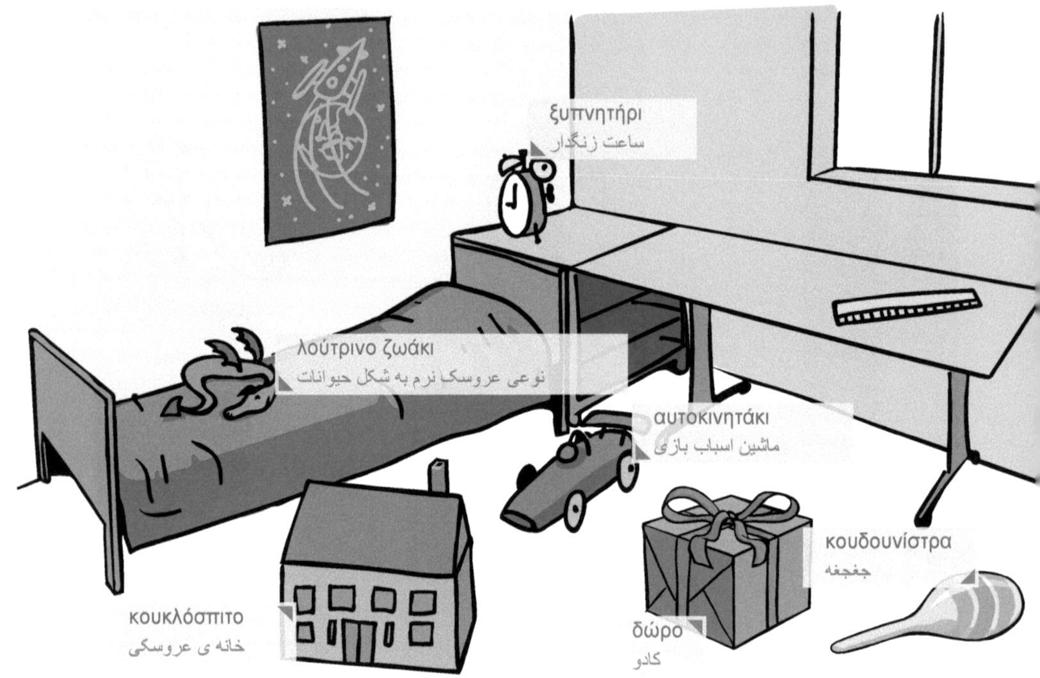

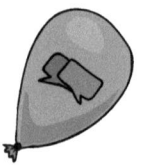

μπαλόνι

بادکنک

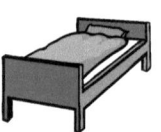

κρεβάτι

تخت خواب

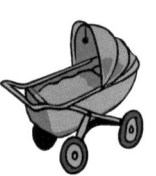

καροτσάκι

کالسکه بچه

τράπουλα

بازی ورق

παζλ

پازل

SUPER MEGA

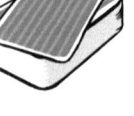

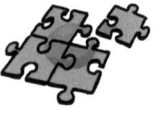

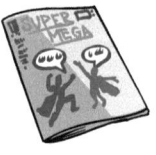

κόμικς

داستان مصور

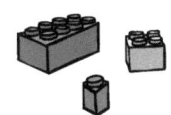

τουβλάκια lego

اسباب بازی لگو

τουβλάκια κατασκευών

خانه سازی

φιγούρα δράσης

عروسک شخصیت های فیلم و کارتون

βρεφικό φορμάκι

لباس نوزاد

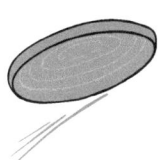

φρίσμπι

فریزبی

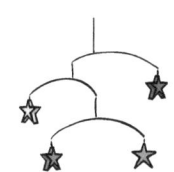

μόμπιλο

نوعی اسباب بازی که روی تخت نوزاد
یا کودک نصب می شود

επιτραπέζιο παιχνίδι

بازی روی صفحه

ζάρια

تاس

σετ τρενάκι

قطار اسباب بازی

πιπίλα

پستانک

πάρτι

مهمانی

εικονογραφημένο βιβλίο

کتاب مصور

μπάλα

توپ

κούκλα

عروسک

παίζω

بازی کردن

σκάμμα με άμμο

جعبه شنی مخصوص بازی کودکان

κούνια

تاب

παιχνίδια

اسباب بازی

κονσόλα βιντεοπαιχνιδιών

کنسول بازی های کامپیوتری

τρίκυκλο

سه چرخه

αρκουδάκι

خرس عروسکی

ντουλάπα

کمد لباس

ρούχα

لباس

κάλτσες

جوراب

καλτσοδέτες

جوراب زنانه ساق بلند

καλσόν

جوراب شلواری

κασκόλ
شال

ομπρέλα
چتر

μπλουζάκι
تی شرت

ζώνη
کمربند

μπότες
پوتین

παντόφλες
دمپایی

αθλητικά παπούτσια
کفش ورزشی کتانی

σανδάλια
....
صندل

παπούτσια
....
کفش

γαλότσες
....
چکمه پلاستیکی

εσώρουχο
....
شرت

σουτιέν
....
سوتین

φανέλα
....
جلیقه

ρούχα - لباس 45

σώμα

بادی

παντελόνι

شلوار

τζιν παντελόνι

جین

φούστα

دامن

μπλούζα

بلوز

πουκάμισο

پیراهن

πουλόβερ

پلیور

πουλόβερ

سویی شرت

σακάκι

نوعی کت

μπουφάν

ژاکت

παλτό

کت بلند

αδιάβροχο πανωφόρι

بارانی

κοστούμι

لباس نمایش

φόρεμα

لباس

νυφικό

لباس عروس

κοστούμι

کت و شلوار

νυχτικό

لباس خواب زنانه

πιτζάμες

پیژامه

σάρι

ساری

μαντήλι

روسری

τουρμπάνι

عمامه

μπούρκα

برقع

καφτάνι

قبا

μουσουλμανικό ένδυμα

عبا

ολόσωμο μαγιό

لباس شنا

ανδρικό μαγιό

شرت شنا

σορτς

شلوارک

αθλητική φόρμα

لباس ورزشی

ποδιά

پیشبند

γάντια

دستکش

κουμπί

دکمه

γυαλιά

عینک

βραχιόλι

دستبند

περιδέραιο

گردنبند

δαχτυλίδι

انگشتر

σκουλαρίκι

گوشواره

καπέλο

کلاه لبه دار

κρεμάστρα

چوب لباسی

καπέλο

کلاه

γραβάτα

کراوات

φερμουάρ

زیپ

κράνος

کلاه ایمنی

τιράντες

بند شلوار

μαθητική στολή

لباس مدرسه

στολή

لباس فرم

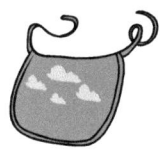

σαλιάρα

پیش بند بچه

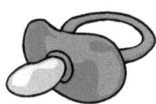

πιπίλα

پستانک

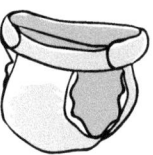

πάνα

پوشک بچه

γραφείο

اداره

σέρβερ
سرور
αρχειοθήκη
کمد نگهداری پرونده
χαρτί
کاغذ
εκτυπωτής
چاپگر
οθόνη
مانیتور
ποντίκι
ماوس
γραφείο
میز تحریر
ντοσιέ
زونکن
πληκτρολόγιο
صفحه کلید
καλάθι αχρήστων
سبد کاغذ باطله
υπολογιστής
کامپیوتر
καρέκλα
صندلی

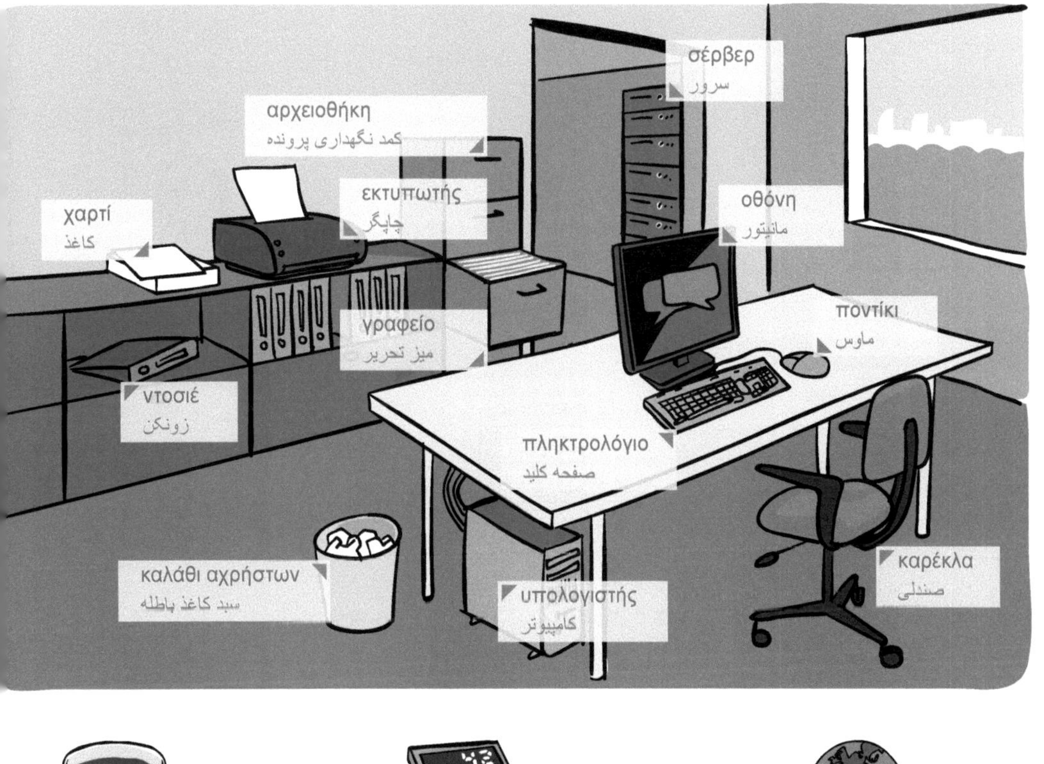

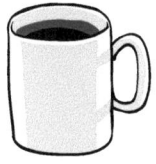

κούπα του καφέ

لیوان قهوه

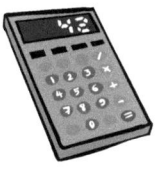

κομπιουτεράκι

ماشین حساب

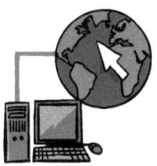

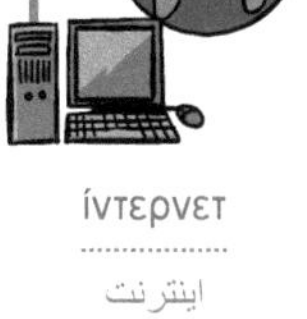

ίντερνετ

اینترنت

λάπτοπ

لپ تاپ

γράμμα

نامه

μήνυμα

پیغام

κινητό

تلفن همراه

δίκτυο

شبکه ی ارتباطی

φωτοτυπικό μηχάνημα

دستگاه فتوکپی

λογισμικό

نرم افزار

τηλέφωνο

تلفن

πρίζα

پریز

συσκευή φαξ

دستگاه فاکس

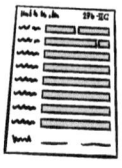

έντυπο

فرم

έγγραφο

مدرک

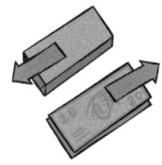

αγοράζω

خریدن

πληρώνω

پرداخت کردن

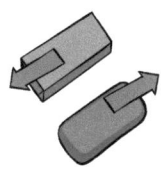

συναλλάσσομαι

تجارت کردن

χρήματα

پول

δολάριο

دلار

ευρώ

یورو

γιεν

ین

ρούβλι

روبل

ελβετικό φράγκο

فرانک سوئیس

ρενμίνμπι γιουάν

یوان رنمینبی

ρουπία

روپیه

ATM (αυτόματη ταμειακή μηχανή)

دستگاه خودپرداز

ανταλλακτήρια
συναλλάγματος

صرافی

χρυσός

طلا

ασήμι

نقره

πετρέλαιο

نفت

ενέργεια

انرژی

τιμή

قیمت

συμβόλαιο

قرارداد

φόρος

مالیات

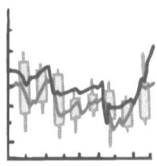

μετοχή

سهام سرمایه

δουλεύω

کار کردن

υπάλληλος

کارمند

εργοδότης

کارفرما

εργοστάσιο

کارخانه

κατάστημα

مغازه

οικονομία - اقتصاد

επαγγέλματα
مشاغل

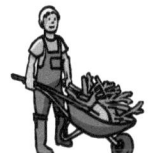

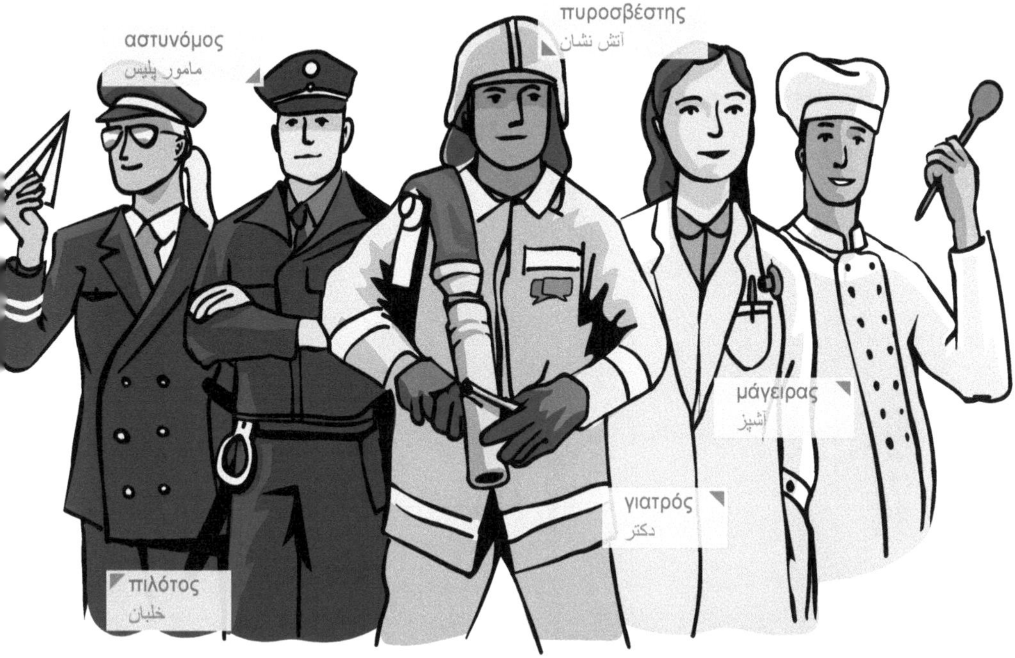
πυροσβέστης
آتش نشان
αστυνόμος
مامور پلیس
μάγειρας
آشپز
γιατρός
دکتر
πιλότος
خلبان

κηπουρός

باغبان

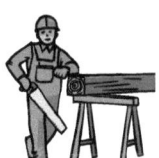

ξυλουργός

نجار

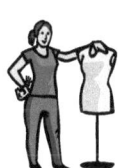

μοδίστρα

خیاط زنانه

δικαστής

قاضی

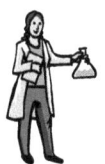

χημικός

شیمیدان

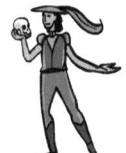

ηθοποιός

بازیگر

οδηγός λεωφορείου

راننده اتوبوس

ταξιτζής

راننده تاکسی

ψαράς

ماهیگیر

καθαρίστρια

نظافتچی زن

τεχνίτης στεγών

سقف ساز

σερβιτόρος

پیشخدمت رستوران

κυνηγός

شکارچی

ζωγράφος

نقاش

αρτοποιός

نانوا

ηλεκτρολόγος

برقکار

οικοδόμος

کارگر ساختمانی

μηχανολόγος

مهندس

κρεοπώλης

قصاب

υδραυλικός

لوله کش

ταχυδρόμος

پستچی

στρατιώτης

سرباز

αρχιτέκτονας

معمار

ταμίας

صندوقدار

ανθοπώλης

گل فروش

κομμωτής

آرایشگر

ελεγκτής εισιτηρίων

مامور کنترل بلیط در قطار

μηχανικός

مکانیک

καπετάνιος

ناخدا

οδοντίατρος

دندانپزشک

επιστήμονας

دانشمند

ραβίνος

عالم یهودی

ιμάμης

امام

μοναχός

راهب

ιερέας

کشیش

εργαλεία
ابزارآلات

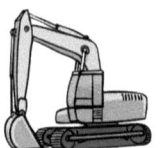

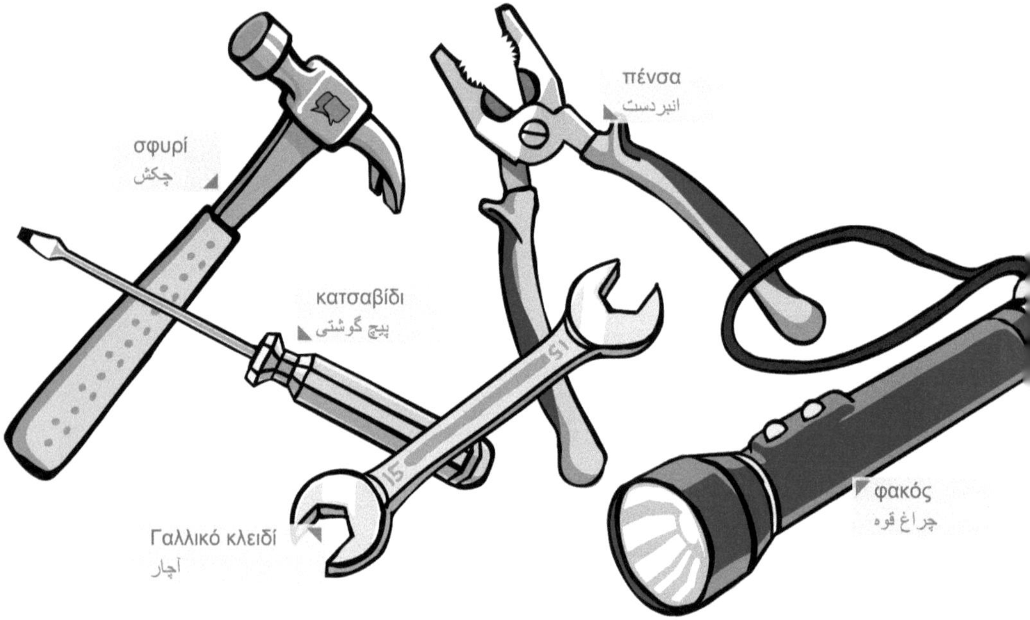

σφυρί
چکش
πένσα
انبردست
κατσαβίδι
پیچ گوشتی
Γαλλικό κλειδί
آچار
φακός
چراغ قوه

εκσκαφέας

بیل مکانیکی

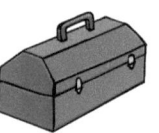

εργαλειοθήκη

جعبه ابزار

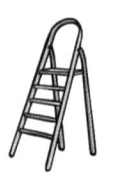

σκάλα

نردبان

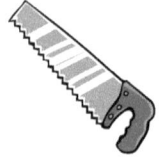

πριόνι

ارّه

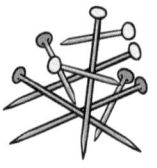

καρφιά

میخ

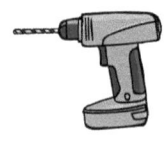

τρυπάνι

مته

επισκευάζω

تعمیر کردن

φτυάρι

بیل

Να πάρει!

لعنتی!

φαράσι

خاک انداز

δοχείο χρωμάτων

سطل رنگرزی

βίδες

پیچ

μουσικά όργανα
آلات موسیقی

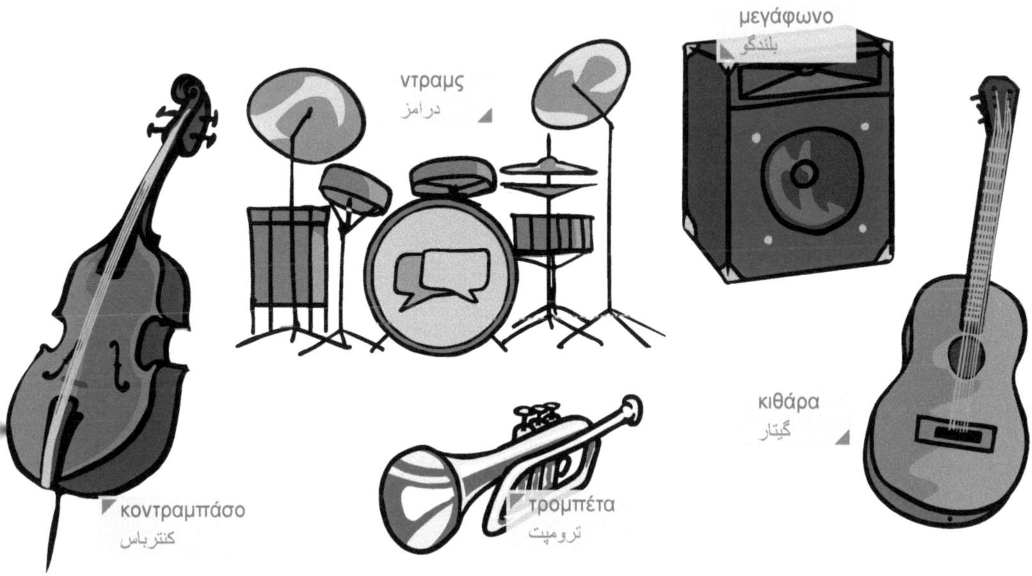

μεγάφωνο
بلندگو

ντραμς
درامز

κιθάρα
گیتار

κοντραμπάσο
کنترباس

τρομπέτα
ترومپت

πιάνο

پیانو

βιολί

ویولن

μπάσο

گیتار بیس

τύμπανα

تیمپانی

τύμπανο

طبل

πλήκτρα

کیبورد الکتریک

σαξόφωνο

ساکسیفون

φλάουτο

فلوت

μικρόφωνο

میکروفون

ζωολογικός κήπος

باغ وحش

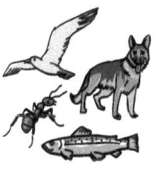

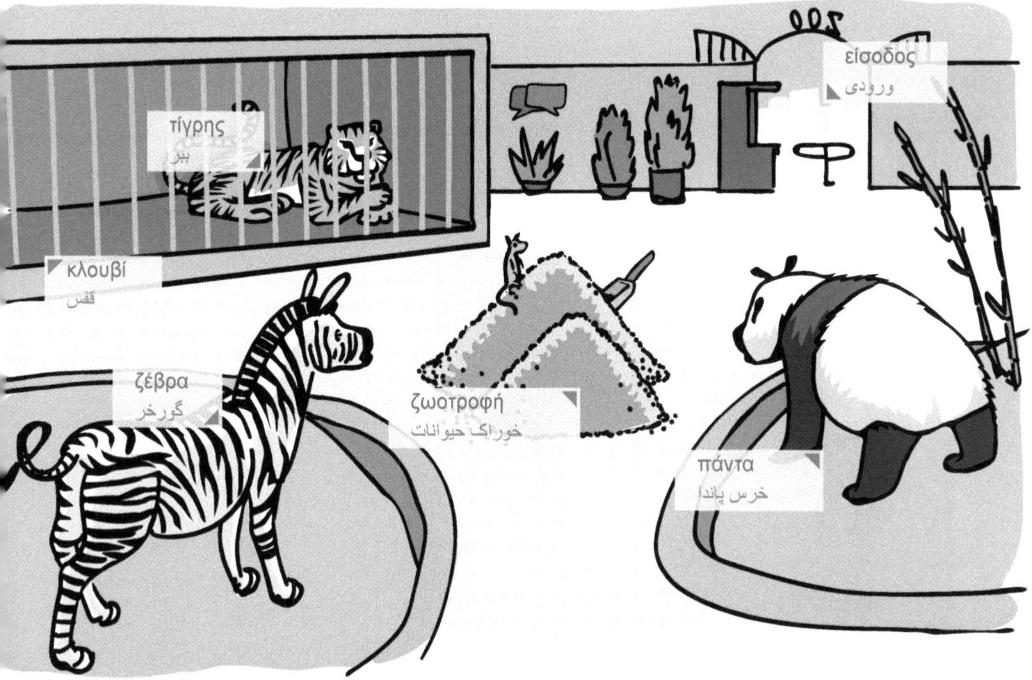

τίγρης
ببر
κλουβί
قفس
ζέβρα
گورخر
ζωοτροφή
خوراک حیوانات
πάντα
خرس پاندا
είσοδος
ورودی

ζώα

حیوانات

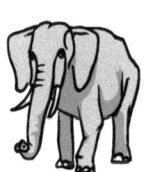

ελέφαντας

فیل

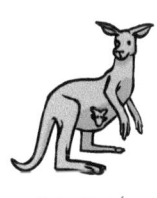

καγκουρό

کانگورو

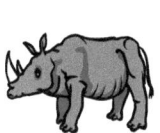

ρινόκερος

کرگدن

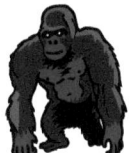

γορίλας

گوریل

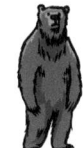

αρκούδα

خرس

καμήλα

شتر

στρουθοκάμηλος

شترمرغ

λιοντάρι

شیر

πίθηκος

میمون

φλαμίνγκο

فلامینگو

παπαγάλος

طوطی

πολική αρκούδα

خرس قطبی

πιγκουίνος

پنگوئن

καρχαρίας

کوسه

παγώνι

طاووس

φίδι

مار

κροκόδειλος

تمساح

φύλακας ζωολογικού κήπου

نگهبان باغ وحش

φώκια

خوک آبی

τζάγκουαρ

پلنگ امریکایی

πόνυ

اسب کوچک

λεοπάρδαλη

پلنگ

ιπποπόταμος

اسب آبی

καμηλοπάρδαλη

زرافه

αετός

عقاب

αγριογούρουνο

گراز

ψάρι

ماهی

χελώνα

لاک پشت

θαλάσσιος ίππος

شیرماهی

αλεπού

روباه

γαζέλα

غزال

Αμερικάνικο ποδόσφαιρο
فوتبال آمریکایی

ποδηλασία
دوچرخه‌سواری

αντισφαίριση
تنیس

μπάσκετ
بسکتبال

κολύμβηση
شنا

πυγχαμία
بوکس

χὄκεϋ επί πάγου
هاکی روی یخ

ποδόσφαιρο
فوتبال

μπάντμιντον
بدمینتون

στίβος
دوومیدانی

χάντμπολ
هندبال

σκι
اسکی

πόλο
پولو

πηδάω
پریدن

γελάω
خندیدن

αγκαλιάζω
بغل کردن

τραγουδάω
آواز خواندن

περπατάω
راه رفتن

προσεύχομαι
دعا کردن

φιλάω
بوسیدن

ονειρεύομαι
رؤیا دیدن

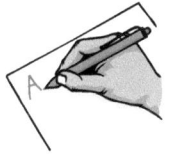

γράφω

نوشتن

σχεδιάζω

رسم کردن

δείχνω

نشان دادن

πιέζω

هل دادن

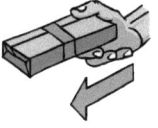

δίνω

دادن

παίρνω

برداشتن

έχω

داشتن

κάνω

انجام دادن

είμαι

بودن

στέκομαι

ایستادن

τρέχω

دویدن

τραβάω

کشیدن

ρίχνω

پرتاب کردن

πέφτω

افتادن

ξαπλώνω

دراز کشیدن

περιμένω

منتظر بودن

κουβαλώ

حمل کردن

κάθομαι

نشستن

φοράω

لباس پوشیدن

κοιμάμαι

خوابیدن

ξυπνάω

بیدار شدن

κοιτάω

تماشا کردن

κλαίω

گریه کردن

χαϊδεύω

نوازش کردن

χτενίζω

شانه کردن

μιλάω

حرف زدن

καταλαβαίνω

فهمیدن

ρωτάω

پرسیدن

ακούω

شنیدن

πίνω

آشامیدن

τρώω

خوردن

συγυρίζω

مرتب کردن

αγαπάω

عاشق بودن

μαγειρεύω

پختن

οδηγώ

رانندگی کردن

πετάω

پرواز کردن

κάνω ιστιοπλοΐα

قایقرانی کردن

υπολογίζω

محاسبه کردن

διαβάζω

خواندن

μαθαίνω

یاد گرفتن

δουλεύω

کار کردن

παντρεύομαι

ازدواج کردن

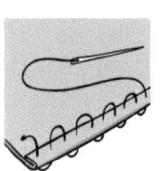

ράβω

دوختن

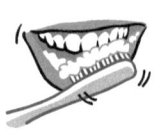

βουρτσίζω τα δόντια

مسواک زدن

σκοτώνω

کشتن

καπνίζω

سیگار کشیدن

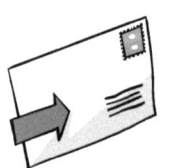

στέλνω

فرستادن

οικογένεια
خانواده

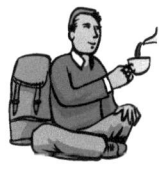

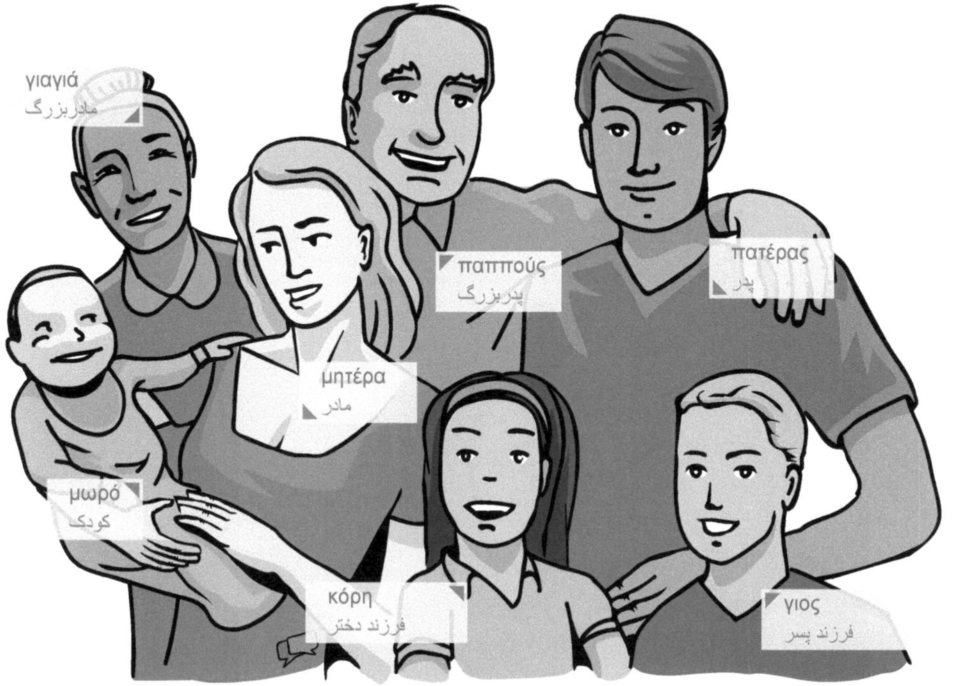
γιαγιά
مادربزرگ
παππούς
پدربزرگ
πατέρας
پدر
μητέρα
مادر
μωρό
کودک
κόρη
فرزند دختر
γιος
فرزند پسر

καλεσμένος
....
مهمان

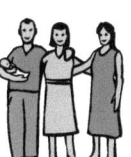

θεία
....
خاله، عمه

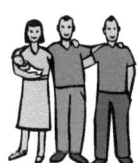

θείος
....
دایی، عمو

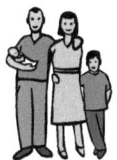

αδελφός
....
برادر

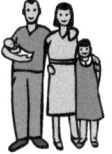

αδελφή
....
خواهر

σώμα

بدن

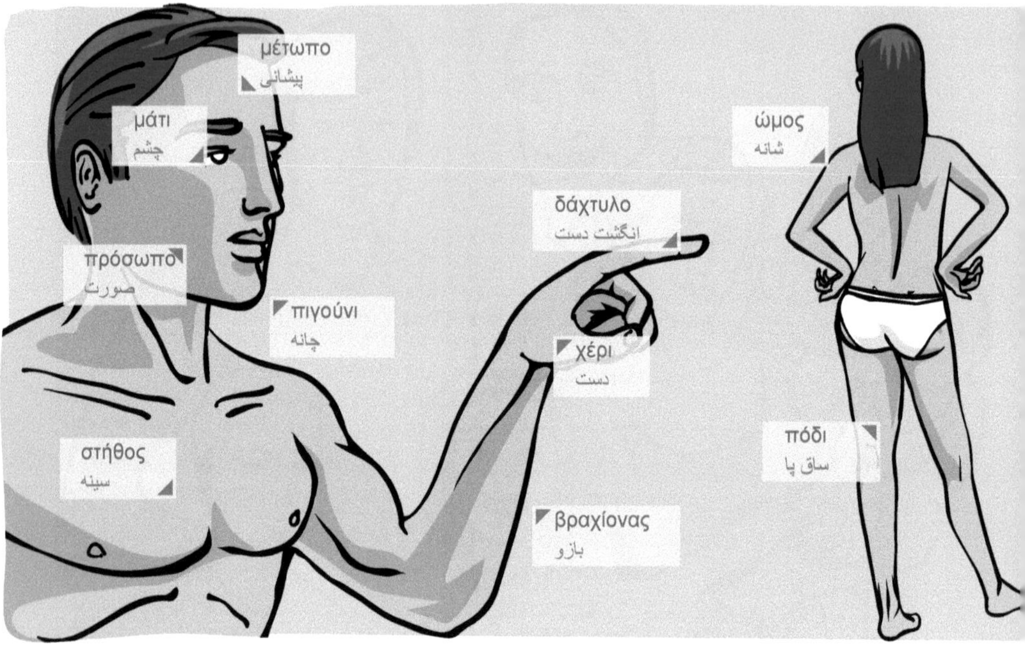

μέτωπο
پیشانی
μάτι
چشم
ώμος
شانه
δάχτυλο
انگشت دست
πρόσωπο
صورت
πιγούνι
چانه
χέρι
دست
πόδι
ساق پا
στήθος
سینه
βραχίονας
بازو

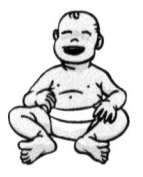

μωρό
کودک

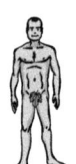

άνδρας
مرد

γυναίκα
زن

κορίτσι
دخترچه

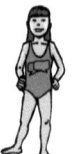

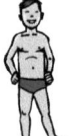

αγόρι
پسربچه

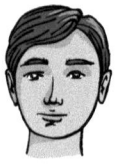

κεφάλι
کله

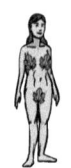

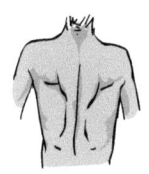

πλάτη

كمر

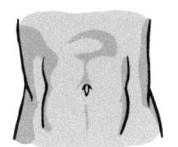

κοιλιά

شکم

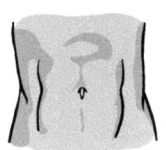

αφαλός

ناف

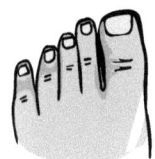

δάχτυλο ποδιού

انگشت پا

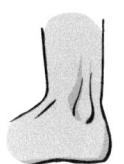

φτέρνα

پاشنه

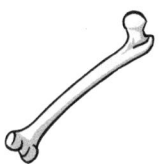

κόκκαλο

استخوان

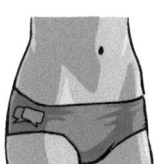

γοφός

لگن

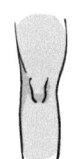

γόνατο

زانو

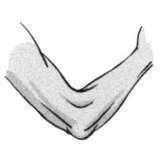

αγκώνας

أرنج

μύτη

بینی

γλουτός

نشیمنگاه

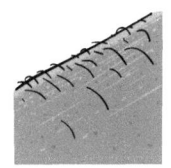

δέρμα

پوست

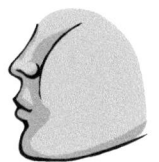

μάγουλο

گونه

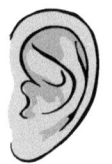

αυτί

گوش

χείλος

لب

στόμα

دهان

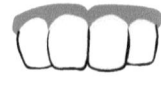

δόντι

دندان

γλώσσα

زبان

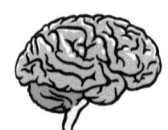

εγκέφαλος

مغز

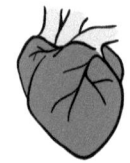

καρδιά

قلب

μυς

عضله

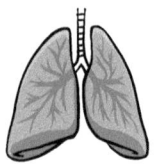

πνεύμονας

ریه

συκώτι

کبد

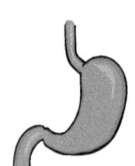

στομάχι

معده

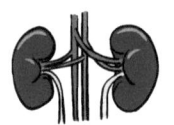

νεφρά

کلیه

σεξουαλική επαφή

آمیزش جنسی

προφυλακτικό

کاندوم

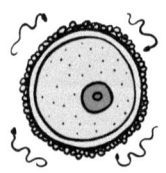

ωάριο

تخمک

σπέρμα

اسپرم

εγκυμοσύνη

حاملگی

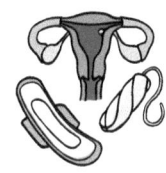

περίοδος

پریود

γυναικείος κόλπος

واژن

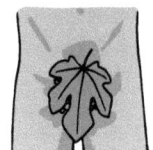

πέος

آلت تناسلی مرد

φρύδι

ابرو

μαλλιά

مو

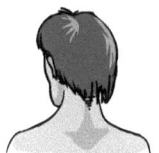

λαιμός

گردن

νοσοκομείο
بیمارستان

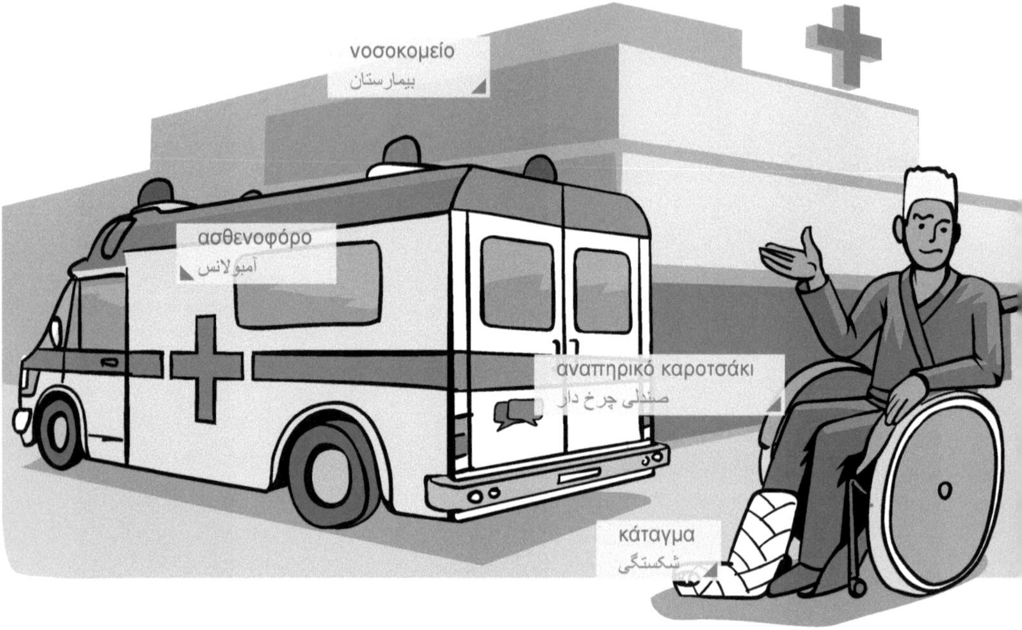

νοσοκομείο
بیمارستان
ασθενοφόρο
آمبولانس
αναπηρικό καροτσάκι
صندلی چرخ دار
κάταγμα
شکستگی

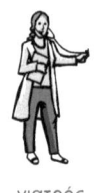

γιατρός

دکتر

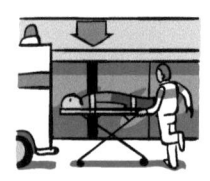

μονάδα εντατικής θεραπείας

بخش اورژانس

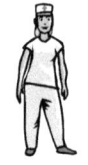

νοσοκόμα

پرستار

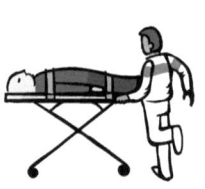

έκτακτη ανάγκη

موقعیت اضطراری

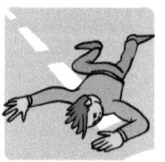

λιπόθυμος

بی هوش

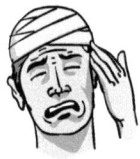

πόνος

درد

τραύμα

مصدومیت

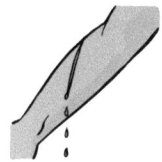

αιμορραγία

خونریزی

έμφραγμα

سکته قلبی

εγκεφαλικό

سکته مغزی

αλλεργία

الرژی

βήχας

سرفه

πυρετός

تب

γρίπη

آنفولانزا

διάρροια

اسهال

πονοκέφαλος

سردرد

καρκίνος

سرطان

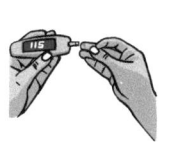

διαβήτης

دیابت

χειρουργός

جراح

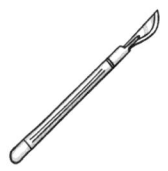

νυστέρι

چاقوی جراحی

εγχείρηση

عمل جراحی

αξονική τομογραφία

سی تی اسکن

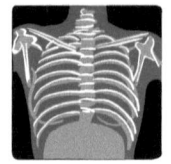

ακτινογραφία

پرتونگاری

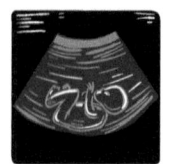

υπέρηχος

سونوگرافی

μάσκα

ماسک صورت

ασθένεια

بیماری

αίθουσα αναμονής

اتاق انتظار

πατερίτσα

چوب زیر بغل

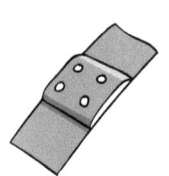

χάνσαπλαστ

چسب زخم

επίδεσμος

پانسمان

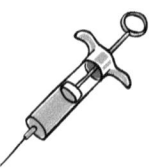

ένεση

تزریق

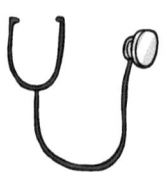

στηθοσκόπιο

گوشی طبی

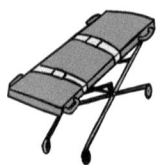

φορείο

برانکار

θερμόμετρο

دماسنج

γέννηση

زایش

υπέρβαρο

اضافه وزن

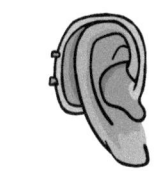

ακουστικό βαρηκοΐας

سمعک

αντισηπτικό

ماده ضد غفونی کننده

λοίμωξη

عفونت

ιός

ویروس

HIV/AIDS

اچ آی وی / ایدز

φάρμακο

دارو

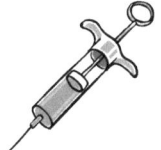

εμβολιασμός

واکسیناسیون

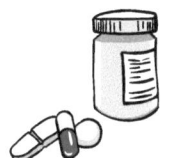

δισκία

قرص

χάπι

قرص ضد حاملگی

κλήση έκτακτης ανάγκης

تماس اظطراراری

πιεσόμετρο αίματος

دستگاه اندازه گیری فشارخون

άρρωστος / υγιής

مریض / سالم

Βοήθεια!

کمک!

συναγερμός

آژیر خطر

βιαιοπραγία

حمله

επίθεση

حمله ی فیزیکی

κίνδυνος

خطر

έξοδος κινδύνου

خروج اظطراری

Φωτιά!

آتش

πυροσβεστήρας

کپسول آتش نشانی

ατύχημα

تصادف

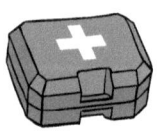

κουτί πρώτων βοηθειών

جعبه کمک های اولیه

SOS

درخواست کمک

αστυνομία

پلیس

Ευρώπη

اروپا

Βόρεια Αμερική

آمریکای شمالی

Νότια Αμερική

آمریکای جنوبی

Αφρική

افریقا

Ασία

آسیا

Αυστραλία

استرالیا

Ατλαντικός Ωκεανός

اقیانوس اطلس

Ειρηνικός Ωκεανός

اقیانوس آرام

Ινδικός Ωκεανός

اقیانوس هند

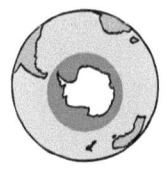

Ανταρκτικός Ωκεανός

اقیا نوس اطلس جنوبی

Αρκτικός Ωκεανός

اقیانوس منجمد شمالی

Βόρειος Πόλος

قطب شمال

Νότιος Πόλος

قطب جنوب

Ανταρκτική

قاره قطب جنوب

Γη

کره زمین

γη

سرزمین

θάλασσα

دریا

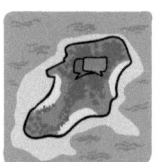

νησί

جزیره

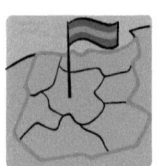

έθνος

ملت

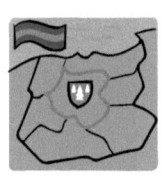

πολιτεία

کشور

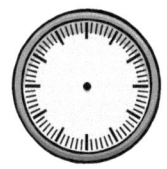

κοντράν ρολογιού

صفحه ی ساعت

ωροδείκτης

ساعت شمار

λεπτοδείκτης

دقیقه شمار

δείκτης δευτερολέπτων

ثانیه شمار

Τι ώρα είναι;

ساعت چند است؟

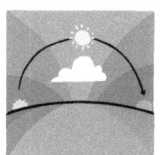

ημέρα

روز

χρόνος

زمان

τώρα

اکنون

ψηφιακό ρολόι

ساعت دیجیتال

λεπτό

دقیقه

ώρα

ساعت

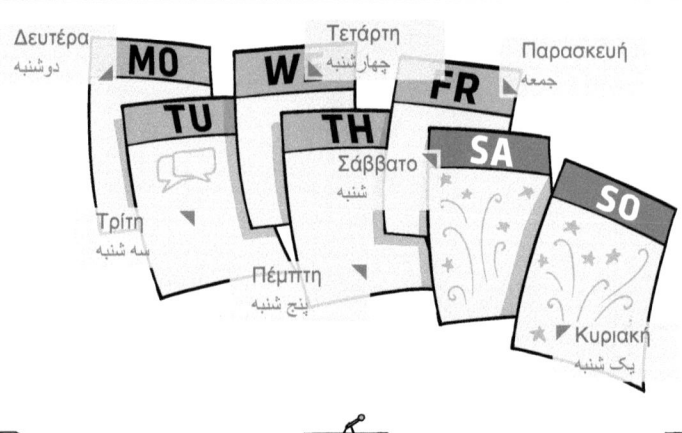

Δευτέρα — دوشنبه — **MO**
Τετάρτη — چهارشنبه — **W**
Παρασκευή — جمعه — **FR**
TU
TH
Σάββατο — شنبه — **SA**
SO
Τρίτη — سه شنبه
Πέμπτη — پنج شنبه
Κυριακή — یک شنبه

χθες

دیروز

σήμερα

امروز

αύριο

فردا

πρωί

صبح

μεσημέρι

ظهر

βράδυ

غروب

MO	TU	WE	TH	FR	SA	SU
1	2	3	4	5	6	7
8	9	10	11	12	13	14
15	16	17	18	19	20	21
22	23	24	25	26	27	28
29	30	31	1	2	3	4

εργάσιμες ημέρες

روزهای کاری

MO	TU	WE	TH	FR	SA	SU
1	2	3	4	5	6	7
8	9	10	11	12	13	14
15	16	17	18	19	20	21
22	23	24	25	26	27	28
29	30	31	1	2	3	4

Σαββατοκύριακο

آخر هفته

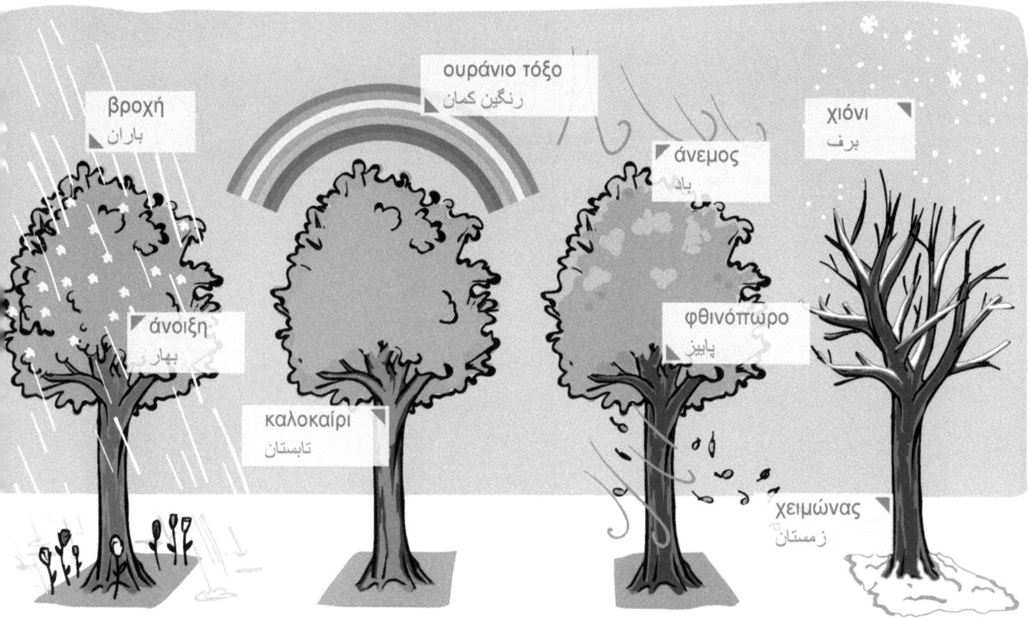

βροχή
باران
ουράνιο τόξο
رنگین کمان
άνεμος
باد
χιόνι
برف
άνοιξη
بهار
καλοκαίρι
تابستان
φθινόπωρο
پاییز
χειμώνας
زمستان

4.APRIL 11°
5.APRIL 4°
6.APRIL 13°
7.APRIL 8°
8.APRIL 10°

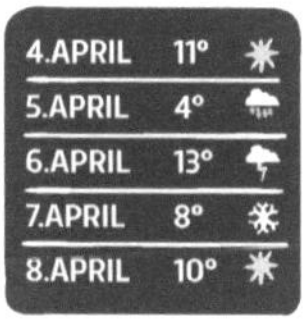

πρόγνωση καιρού

پیش‌بینی اوضاع جوی

F C
120 40
90 30
60 20
30 10
0 0
-30 -10
-20

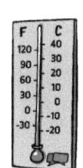

θερμόμετρο

دماسنج

λιακάδα

تابش آفتاب

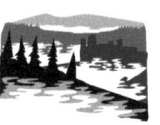

σύννεφο

ابر

ομίχλη

مه

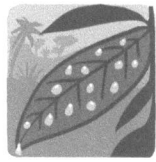

υγρασία

رطوبت هوا

αστραπή

صاعقه

κεραυνός

آسمان غره

καταιγίδα

طوفان

χαλάζι

تگرگ

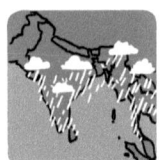

μουσώνας

باد موسمی

πλημμύρα

سیل

πάγος

یخ

Ιανουάριος

ژانویه

Φεβρουάριος

فوریه

Μάρτιος

مارس

Απρίλιος

آوریل

Μάιος

مه

Ιούνιος

ژوئن

Ιούλιος

ژوئیه

Αύγουστος

آگوست

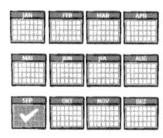

Σεπτέμβριος
....
سپتامبر

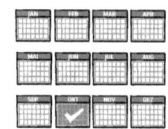

Οκτώβριος
....
اُکتبر

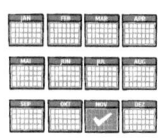

Νοέμβριος
....
نوامبر

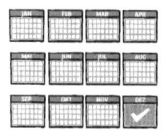

Δεκέμβριος
....
دسامبر

σχήματα
أشكال

κύκλος
....
دایره

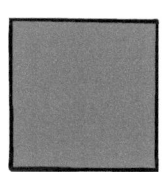

τετράγωνο
....
مربع

ορθογώνιο
παραλληλόγραμμο
مستطيل

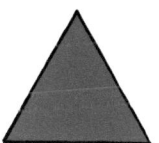

τρίγωνο
....
سه گوش

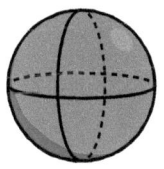

σφαίρα
....
گره

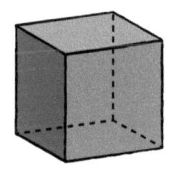

κύβος
....
مکعب مربع

άσπρο

سفید

κίτρινο

زرد

πορτοκαλί

نارنجی

ροζ

صورتی

κόκκινο

قرمز

μωβ

بنفش

μπλε

آبی

πράσινο

سبز

καφέ

قهوه ای

γκρι

خاکستری

μαύρο

سیاه

πολύ / λίγο

خیلی / کم

θυμωμένος / ήρεμος

خشمگین / آرام

όμορφος / άσχημος

زیبا / زشت

αρχή / τέλος

شروع / پایان

μεγάλος / μικρός

بزرگ / کوچک

φωτεινός / σκοτεινός

روشن / تیره

αδελφός / αδελφή

برادر / خواهر

καθαρός / λερωμένος

تمیز / آلوده

πλήρης / ατελής

کامل / ناقص

ημέρα / νύχτα

روز / شب

νεκρός / ζωντανός

مرده / زنده

φαρδύς / στενός

پهن / باریک

βρώσιμος / μη βρώσιμος

قابل خوردن / غیر قابل خوردن

κακός / ευγενικός

غضبناک / مهربان

ενθουσιασμένος / βαριεστημένος

هیجان زده / بی حوصله

παχύς / λεπτός

چاق / لاغر

πρώτος / τελευταίος

اولین / آخرین

φίλος / εχθρός

دوست / دشمن

γεμάτος / άδειος

پر / خالی

σκληρός / μαλακός

سفت / نرم

βαρύς / ελαφρύς

سنگین / سبک

πείνα / δίψα

گرسنگی / تشنگی

άρρωστος / υγιής

مریض / سالم

παράνομος / νόμιμος

غیرقانونی / قانونی

έξυπνος / χαζός

باهوش / خنگ

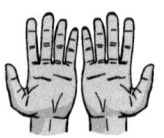

αριστερός / δεξιός

چپ / راست

κοντινός / μακρινός

نزدیک / دور

καινούριος /
μεταχειρισμένος

نو / استفاده شده

τίποτα / κάτι

هیچ چیز / چیزی

αναμμένος / σβηστός

روشن / خاموش

ανοιχτός / κλειστός

باز / بسته

χαμηλόφωνος /
μεγαλόφωνος

آهسته / بلند

πλούσιος / φτωχός

ثروتمند / فقیر

σωστός / λανθασμένος

درست / غلط

τραχύς / λείος

زبر / صاف

λυπημένος / χαρούμενος

غمگین / خوشحال

κοντός / μακρύς

کوتاه / بلند

αργός / γρήγορος

کند / تند

υγρός / στεγνός

تر / خشک

ζεστός / δροσερός

گرم / خنک

πόλεμος / ειρήνη

جنگ / صلح

0	**1**	**2**
μηδέν	ένα	δύο
صفر	یک	دو

3	**4**	**5**
τρία	τέσσερα	πέντε
سه	چهار	پنج

6	**7**	**8**
έξι	εφτά	οκτώ
شش	هفت	هشت

9	**10**	**11**
εννιά	δέκα	έντεκα
نه	ده	یازده

12

δώδεκα

دوازده

13

δεκατρία

سیزده

14

δεκατέσσερα

چهارده

15

δεκαπέντε

پانزده

16

δεκαέξι

شانزده

17

δεκαεφτά

هفده

18

δεκαοκτώ

هجده

19

δεκαεννέα

نوزده

20

είκοσι

بیست

100

εκατό

صد

1.000

χίλια

هزار

1.000.000

εκατομμύριο

میلیون

Αγγλικά

انگلیسی

Αμερικάνικα Αγγλικά

انگلیسی آمریکایی

Μανδαρίνικα Κινέζικα

چینی ماندارین

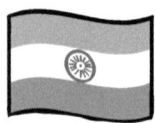

Χίντι

هندی

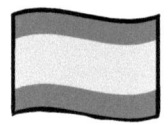

Ισπανικά

اسپانیایی

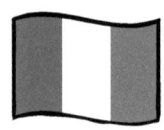

Γαλλικά

فرانسوی

Αραβικά

عربی

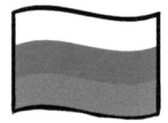

Ρώσικα

روسی

Πορτογαλικά

پرتغالی

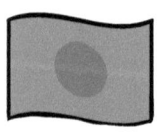

Μπενγκάλι

بنگالی

Γερμανικά

آلمانی

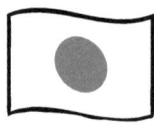

Ιαπωνικά

ژاپنی

εγώ

من

εσύ

تو

αυτός / αυτή / αυτό

او

εμείς

ما

εσείς

شما

αυτοί / αυτές / αυτά

آنها

ποιος / ποια / ποιο;

چه کسی؟ کی؟

τι;

چی؟

πώς;

چگونه؟

πού;

کجا؟

πότε;

کی؟

όνομα

نام

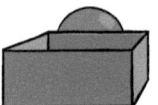

πίσω

پشت

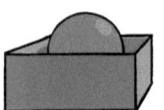

μέσα

توی

μπροστά

جلو

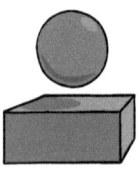

πάνω από

بالای

πάνω

روی

κάτω

زیر

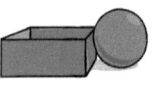

δίπλα

مجاور

ανάμεσα

بین

μέρος

مکان